U0107378

孙子兵法

不止兵法，更是心法

徐瑜 编著

江苏凤凰文艺出版社
JIANGSU PHOENIX LITERATURE AND
ART PUBLISHING

图书在版编目（CIP）数据

孙子兵法：不止兵法，更是心法 / 徐瑜编著. —
南京：江苏凤凰文艺出版社, 2024.6
ISBN 978-7-5594-8635-6

Ⅰ.①孙… Ⅱ.①徐… Ⅲ.①《孙子兵法》 Ⅳ.
①E892.25

中国国家版本馆CIP数据核字(2024)第091044号

著作权合同登记号：10-2024-109

孙子兵法：不止兵法，更是心法

徐 瑜 编著

责任编辑	项雷达	
图书策划	宁炳辉 蔺亚丁	
特约编辑	唐鲁利	
装帧设计	时代华语设计组	
出版发行	江苏凤凰文艺出版社	
	南京市中央路 165 号，邮编：210009	
网　址	http://www.jswenyi.com	
印　刷	三河市宏图印务有限公司	
开　本	880 毫米 ×1230 毫米　1/32	
印　张	7.5	
字　数	174 千字	
版　次	2024 年 6 月第 1 版	
印　次	2024 年 6 月第 1 次印刷	
书　号	ISBN 978-7-5594-8635-6	
定　价	58.00 元	

用经典滋养灵魂

龚鹏程

　　每个民族都有它自己的经典。经，指其所载之内容足以作为后世的纲维；典，谓其可为典范。因此它常被视为一切知识、价值观、世界观的依据或来源。早期只典守在神巫和大僚手上，后来则成为该民族累世传习、讽诵不辍的基本典籍，或称核心典籍，甚至是"圣书"。

　　中国文化总体上的经典是六经：《诗》《书》《礼》《乐》《易》《春秋》。依此而发展出来的各个学门或学派，另有其专业上的经典，如墨家有其《墨经》。老子后学也将其书视为经，战国时便开始有人替它作传、作解。兵家则有其《武经七书》。算家亦有《周髀算经》等所谓《算经十书》。流衍所及，竟至喝酒有《酒经》，饮茶有《茶经》，下棋有《弈经》，相鹤相马相牛亦皆有经。此类支流稗末，固然不能与六经相比肩，但它们代表了在各自那一个领域中的核心知识地位，是很显然的。

　　我国历代教育和社会文化，就是以六经为基础来发展的。直到清末废科举、立学堂以后才产生剧变。但当时新设的学堂虽仿洋制，却仍保留了读经课程，以示根本未墬。辛亥革命后，蔡元培担任教育总长才开始废除读经。接着，他主持北京大学时出现的新文化运动更进一步发起对传统文化的攻击。趋势竟由废弃文言，提倡白话文学，一直走到深入的反传统中去。

台湾的教育发展和社会文化意识，其实也一直以延续五四精神自居，故其反传统气氛及其体现于教育结构中者，与大陆不过程度略异而已，仅是社会中还遗存着若干传统社会的礼俗及观念罢了。后来，台湾才惕然警醒，开始提倡"文化复兴运动"，在学校课程中增加了经典的内容。但不叫读经，乃是摘选"四书"为《中国文化基本教材》，以为补充。另成立"文化复兴委员会"，开始做经典的白话注释，向社会推广。

文化复兴运动之功过，诚乎难言，此处也不必细说，总之是虽调整了西化的方向及反传统的势能，但对社会民众的文化意识，还没能起到普遍警醒的作用；了解传统、阅读经典，也还没成为风气或行动。

20世纪70年代后期，高信疆、柯元馨夫妇接掌了当时台湾第一大报《中国时报》的副刊与出版社编务，针对这个现象，遂策划了《中国历代经典宝库》这一大套书。精选影响人们最为深远的典籍，包括了六经及诸子、文艺各领域的经典，遍邀名家为之疏解，并附录原文以供参照，一时社会震动，风气丕变。

其所以震动社会，原因一是典籍选得精切。不蔓不枝，能体现传统文化的基本匡廓。二是体例确实。经典篇幅广狭不一、深浅悬隔，如《资治通鉴》那么庞大，《尚书》那么深奥，它们跟小说戏曲是截然不同的。如何在一套书里，用类似的体例来处理，很可以看出编辑人的功力。三是作者群涵盖了几乎全台湾的学术精英，群策群力，全面动员。这也是过去所没有的。四是编审严格。大部丛书，作者庞杂，集稿统稿就十分重要，否则便会出现良莠不齐之现象。这套书虽广征名家撰作，但在审定正讹、统一文字风格方面，确乎花了极大气力。再加上撰稿人都把这套书当成是写给自己子弟看的传家宝，写得特别矜慎，成绩当然非其他的书所能比。五是当时高信疆夫妇利用报社传播之便，将出版与报纸媒体做了最好、最彻底的结合，使得这套书成了家喻户晓、众所翘盼的文化甘霖，人人都想一沾法雨。六是当时出版采用豪华的小牛皮烫金装帧，精美大方，辅以雕花木柜。虽所费不贲，却是经济刚刚腾飞时一个中产家庭最好的文化陈设，书香家庭的想象，由此开始落实。许多家庭乃因买进这套书，仿佛种下了诗礼传家的根。

高先生综理编务，辅佐实际的是周安托兄。两君都是诗人，且侠情肝胆照人。中华文化复起、国魂再振、民气方舒，则是他们的理想，因此编这套书，似乎就是一场织梦之旅，号称传承经典，实则意拟宏开未来。

我很幸运，也曾参与到这一场歌唱青春的行列中，去贡献微末。先是与林明峪共同参与黄庆萱老师改写《西游记》的工作，继而再协助安托统稿，推敲是非，斟酌文辞。对整套书说不上有什么助益，自己倒是收获良多。

书成之后，好评如潮，数十年来一再改版翻印，直到现在。经典常读常新，当时对经典的现代解读目前也仍未过时，依旧在散光发热，滋养民族新一代的灵魂。只不过光阴毕竟可畏，安托与信疆俱已逝去，来不及看到他们播下的种子继续发芽生长了。

当年参与这套书的人很多，我仅是其中一员小将。聊述战场，回思天宝，所见不过如此，其实说不清楚它的实况。但这个小侧写，或许有助于今日阅读这套书的读者理解该书的价值与出版经纬，是为序。

致读者书

徐瑜

亲爱的朋友：

约在两千五百年前的春秋时代，南方的吴国出现了一位叫孙子的人，他不但是出类拔萃的军事天才，而且是中国历史上首屈一指的兵学大师。他的十三篇《兵法》，言简意深，归纳出战争的原理原则，是古代最系统的军事理论，举凡战前之准备、策略之运用、作战之部署、敌情之研判等，无不详加说明，周严完备，巨细靡遗。我国历代将帅没有不读《孙子兵法》这部书的，凡是讲武论兵者，皆以孙子的兵学思想为依归。他所主张的"智""信""仁""勇""严"，成为两千五百年来，中国军人的武德，也塑造了中国军人的典范。在孙子思想的熏陶下，历代名将几乎都循着他所揭示的原理原则，统军作战，克敌制胜。他在中国兵学上的地位，如同孔子在儒学上的地位一样，因此我们可以说：孙子是中国的兵圣。

其实，不仅中国军人的思想受孙子影响，即使就一般中国人而言，孙子的理论也深深地注入了脑海。举例以言之，如："胜兵先胜""料敌制胜""上兵伐谋""不战而屈人之兵""知己知彼""正合奇胜""以迂为直""攻其无备，出其不意""致人而不致于人"等，不但是常用的军事术语，而且是一般人时常引用的口语；深一层观察，这些口语所涵盖的概念，早已成为普遍承认的真理，人们往往在不知不觉中运用这些原理原则，只是习焉而不察，没有发现这些概念的由来而已。自这个角度来看，两千五百年前的《孙子兵法》，直到现在还在影响每一个中国人。

《孙子兵法》问世后，即广泛地流传，《韩非子·五蠹》篇中说："今境内之民皆言兵，藏孙吴之书者家有之。"可见在战国时代即已家喻户晓。汉代的时候，武帝看大将军霍去病不好古籍，"尝欲教之以孙吴兵法"《汉书·列传》。三国时，曹操最赞赏《孙子兵法》，他是第一个为《兵法》做注解的人。曹操之后，历代都有人研究，有的就文字的意义注释，有的就语句的内容发挥，有的用以往的战史印证，计有百余家之多。最流行的版本是《武经七书》本和《孙子十家注》本，前者是把《孙子》《吴起》《司马法》《黄石公三略》《尉缭子》《六韬》《李卫公问对》等七部兵书合为一集；后者则是单独流传，收录曹操、孟氏、李筌、杜牧、陈皞、贾林、梅尧臣、王皙、何延锡、张预等十家的注解。不过，《十家注》本流传到清代，由孙星衍重行校订勘误，现在所常见到的，就是孙本《十家注》。除这两种版本流行最广，其他各家注本，到现在还可以看到的，也有数十种之多，《孙子兵法》受到历代重视，可见一斑。不过由于流传了两千余年之久，各家解释固然有别，兵法原文的出入也不尽相同，拿《武经七书》本和孙星衍《孙子十家注》本相比较，文句不同者也有几十处之多。近现代以来，研究《孙子兵法》的人甚多，不仅从现代军事观点发挥《孙子兵法》精义，而且对十三篇原文多方考订校正。

不仅中国军事教育重视《孙子兵法》，世界各国亦莫不然。日本接触《孙子兵法》最早，平安时代藤原佐世的《国见在书目录》中已有记载，相传是奈良时代的吉备真备（公元693年—公元775年）所带回，其历代注家甚多。早期日本各种兵法，如《甲阳军鉴》《信玄全集》《兵法记》《兵法秘传》等，都以孙子的思想为中心，即使近代也列为军事学校及大学政治系必读名著。

在欧洲，1772年时，传教士亚茂德（J. J. M. Amicy）译《孙子兵法》为法文，名为《中国之军事艺术》（*Art Militaire des Chinois*），这大概是第一本法文译本，拿破仑及德皇威廉二世均曾大加赞赏。另外英国人盖尔斯在1910年出版《孙子的战争艺术》（*Sun Tzu on the Art of War*）英译本。此后，欧美各国军事院校均以《孙子兵法》为必读名作之一。1964年美国陆军汤玛斯将军编辑的《战略之根基》（*Roots of Strategy*）中，也以《孙子兵法》为五部世界兵学代表作之一。可见《孙子》在现代军事思想中的价值。

就今日中国而言，推进中华民族伟大复兴，必须强国强军，所以精选经典，列《孙子兵法》于其中，以期读者能体认中国兵学之精义，于非常之时代，立千秋之大业，可以说是寓意深长了。因此，为求其易读易懂，关于《孙子兵法》之原文，每篇之后附以注解、白话语译及概说，注解尽量采白话解释，概说则就每篇之重点加以补充说明。另外，将孙子的生平、重要战役及战争原理、战略原则等，综合性地予以说明，希望能对认识孙子军事思想有所帮助。

我国自古即有文武两翼，以兵法为武经，以儒学为文经，文武并立，令文齐武。希望各位读者朋友们，能从《孙子兵法》这部战争典籍中，体认建军整武的重要性，以及国家赖以长存之道。

目录

下　篇

目录

目录

前　言

　　《孙子兵法》一共是十三篇，这十三篇是：《始计》《作战》《谋攻》《军形》《兵势》《虚实》《军争》《九变》《行军》《地形》《九地》《火攻》《用间》，形成一套有系统的战略战术思想，因此在这里先将各篇要旨加以简单说明，以帮助读者了解孙子的军事思想。

　　第一篇《始计》，是全文之首篇，主要在说明战争前的各项准备工作，尤其强调战争之胜负往往取决于战前的筹划。筹划精密，则胜算大；筹划草率，则胜算小。如果毫无计划，冒冒失失就兴兵作战，则必然难逃失败的命运。至于筹划的方式就是以"五事""七计"为比较分析的标准。"五事"是：道、天、地、将、法；"七计"是：主孰有道、将孰有能、天地孰得、法令孰行、兵众孰强、士卒孰练、赏罚孰明。也就是说，在君主的施政、将帅的才能、天时地利的合适、法令制度的完善、兵众的强弱、士卒的训练、赏罚的公允等方面，做全盘性比较。假如我方居弱势，即应在缺点方面力求改进；如果敌人居弱势，即应针对其弱点下功夫，所以胜负可以在战前预见。因此这一章的副题定为：决胜于庙堂之上。

第二篇《作战》，主要在说明战争对国家和人民所造成的沉重负荷，在人力和物力上均会造成严重的损耗。如果动用二千乘战车，配置十万大军，到千里之外用兵作战，每天所消耗的战争费用，将是非常惊人的支出。更重要的是，军旅的后勤补给形成最大的困扰，因为古代交通不便，运送粮食支援前方，全仗人力及畜力载运，长途跋涉，粮食都被运送的人消耗光了，往往运二十石粮草出发，只能有一石到达目的地。因此，任何一个国家都无法经得起长时期的战争损耗，所以作战时愈快取得胜利，愈能减少自身损失而获取战果。是故这一章的副题定为：速战速决。

第三篇《谋攻》，主要在说明没有战场的战争行为。战场上兵戎相见，杀伐炽烈，对任何一方均会造成严重的损失，直接影响到国家的力量，因此最理想的方式是不经由炽烈的战争而取得胜利。想要做到这一点，就必须运用谋略的方法和外交的手段，达到使敌人屈服的目的，这就是没有战场的战争行为。孙子认为，打一百次仗，胜一百次，并不是最高明的；不经由激烈战争而能使敌人屈服，才最为高明。因为就取得胜利的结果而言，是一样的，前者须经过惨烈的搏杀，自身必有重大损失，而后者既可保持战果，又没有损伤自己的实力，所以是用兵的最高境界。故此这一章的副题定为：不战而屈人之兵。

第四篇《军形》，主要在说明军事上胜利势态之形成。两军对垒，双方都尽量在找对方的弱点，同时也尽量隐藏自己的弱点，但是自己的弱点并非隐藏就能改变，必须不断改进校正，才能扭转形势。改进之道就是在政治、军事、经济、精神各方面，完成充分之准备，以奠定绝对优势之基础。故胜利形势之造成，绝非一下子就可以办到，必须从局部的、片段的转变中，逐渐形成全面的、整体的改变。一且我有全面的优势，则敌人势必处处受我所制，对我无可奈何。所以，在战争准备和战略态势上，应该力求其万全，立无懈可击之地位，使敌人找不出我的弱点，而我却能制敌机先。因此这一章的副题定为：胜兵先胜。

第五篇《兵势》，主要在说明"势"的运用，"势"是力量的表现，如水势、火势，军旅由静止之状态，迅速运动所形成的威力，就是"兵势"。这一篇与前面的"军形"有连带关系，"形"是预备动作，"势"是攻击行动，譬如猛鸷之击、恶虎之搏，先敛其翼，踞其身，这就是"形"。一旦完成准备动作，虚实强弱测定，飞跃而出，一击中的，这就是"势"的运用。用兵作战，在战前固要部署各种先胜形势，但是如何在战场上使军旅的威力发挥至极致，也是克敌制胜必不可少的要件。因此战场之指挥官，应尽其智慧，做"奇""正"之布置安排，以变化莫测之手段，达到取胜敌人的目的，所以这一章的副题定为：正合奇胜。

第六篇《虚实》，主要在说明作战贵立于主动地位，避实击虚，取敌人之弱点，同时自己的虚实则深藏不露，使敌人无懈可击。无论再强大的军旅，都会有强有力的部分和较为软弱的部分，这就是"虚实"。用兵作战一定要针对敌人虚实所在下手，切不可硬碰硬地蛮干。擅观虚实之指挥官，一定乘敌人之弱势，用我之强势，同时利用种种手段，吸引、牵制、分化、转移敌人的主力，用我的长处制服敌人之短，这就是居于主动的地位。我能支配敌人，而敌人不能奈我何，我能掌握战局，而敌人只能在我预先部署的罗网中行动。因此这一章的副题定为：致人而不致于人。

第七篇《军争》，主要在说明会战要领。两军对峙，双方均尽其一切可能，在战争到来之前做种种部署准备的工作，以期获得绝对性优胜。当双方对垒的态势升高到无法避免冲突时，势必用会战的手段，一分高下。因此会战往往是双方倾全力相搏杀的场面，得胜或失败，将直接影响国家之安危存亡，所以历来兵家，无不重视会战。孙子认为，会战最难的就是如何化迂回曲折之远路为直线近路，如何化种种不利的情况为有利情况，因为迂回曲折的作战路线往往是敌人期待性最小、抵抗力最弱的路线，循这种"间接路线"的方式进击，可收出奇制胜之效。因此这一章的副题定为：以迂为直。

第八篇《九变》，主要在说明将帅指挥军旅应注意之事项。将帅为军旅之中枢，负作战成败之重任，切不能以一己之好恶，任性行事。最要紧的是应考虑各种状况，做出适当的判断，因此必须用冷静理智的思考方式，以避免错误决定。同时，对于利害之分辨，一定要仔细思量，作战部署运用有其长远的一面。眼前之利，在种种情势改变之后，可能反成其害，而眼前之害，往往又可能变成日后之利。将帅应该于害中掌握有利因素，于利中检讨有害之处，同时就利害之两面比较，才能作出正确明智之抉择。所以这一章的副题定为：为将之道。

第九篇《行军》，主要说明军旅在山地、河川、沼泽、平陆等地形的用兵原则，以及三十三种观察敌人虚实的方法。古代的交通工具不发达，地形的崎岖变化对于部队的行进及运动天然形成极大的阻碍。因此，在作战时必须因地制宜，就各种地形之特性充分利用，才能发挥战斗力。同时，在大部队运动时，一定有一些无法隐藏的迹象，观察这些迹象便可以判断敌人的虚实。一个经验丰富的将帅，对于敌情的研判，往往可就敌人所表现出来的征兆，看出其优点和弱点所在。所以这一章的副题定为：处军相敌。

第十篇《地形》，主要在说明"通""挂""支""隘""险""远"

六种特殊地形的利用，以及将帅因措置失当，以致犯了"走""弛""陷""崩""乱""北"六种错误的情形。作战用兵时，时常会遇到特殊的地形，有时是为势所迫，不得不设法通过。有时是刻意利用，在敌人意想不到的情况下通过。但是，不论为哪一种原因，研究地形之险阻，计算道路之远近，都是将帅必须做到的事。因为地形利用是作战取胜的必要条件，不仅古代如此，近代的科学化战争，也是一样要考量地形的因素。至于将帅指挥军旅的各种措施，更是对胜负有决定性的影响。孙子对于将帅可能犯的"六种错误"，都是就人为方面的过失而言的，也都是由于平素训练不够，号令不严所造成的。因此军旅的精良与否，端赖平素的教导训练，如将帅威严尽失，士卒骄横不驯，也难逃失败的命运。所以这一章的副题定为：地道将任。

第十一篇《九地》，主要是说明九种战略地形："散地""轻地""争地""交地""衢地""重地""圮地""围地""死地"，以及交战于国境之内和交战于国境之外的用兵原则。《九地》篇是《孙子兵法》十三篇中最长的一篇，计一千余字，占全部兵法的六分之一，也可以说是对战场作战的地形利用作一总结。除对作战目标的选择，及决战地区的地理形势运用予以分析外，还说到机动原则、奇袭原则、战场心理原则等。至于交战于国境内的"主兵"和交战于国境外的"客兵"，其运用原则，孙子也做了详尽的分析，尤其对客地作战叙述最多，因为用兵于国境之外，可能遭遇的困难较多，危险性也较大。所以这一章的副题定为：胜敌之地、主客之道。

第十二篇《火攻》，主要是说明以火助攻的方法。古代作战的防御工事多以木、竹、藤、革等材料为主，易于引火燃烧，因此如果能利用火攻，必然会有相当效果；假使各方面的条件配合得宜，更可能一举歼灭敌人。自古以来，火攻就是一项有力的武器，即使近代的战争，也强调"火力"的运用。虽然这个"火力"之"火"不是古代的燃烧之火，但是在观念上似乎还保留着"火"的声势和威力。所以这一章的副题定为：以火佐攻。

第十三篇《用间》，主要是说明充分运用间谍，达成知敌察敌的目的。用兵作战贵在知己知彼，不知己固无法度德量力，不知彼更是瞎子摸象，自塞耳目。以举国之力，争胜负于疆场，这是国家人民安危之所系，因此敌人的一举一动都应详为侦察，预作防范，要是做不到这一点，必然白白牺牲士卒，糊里糊涂地打了败仗。而用间谍去详察敌情，取得正确的情报，对整个战局胜负和国家存亡，实有决定性影响。所以这一章的副题定为：知敌之情。

以上是将《孙子兵法》十三篇的要旨分篇加以说明，希望能对孙子的军事思想有一个概括性的认识。

不过在阅读十三篇兵法原文之前，应该先对孙子个人的身世，以及其所处的时代背景有所了解。因此在考虑之后，把兵法原文，以及白话、注解、概说等，编排于本书的下篇，而将孙子的身世及时代背景列在上编，使读者先认识孙子，然后再体会他的思想。

上编计分为六章，包括《孙子的故事》《吴楚的七十年争战》《孙子、伍员、阖闾的三角关系》《孙子辉煌的一战》《孙子的战争原理》《孙子的战略原则》等。

第一章《孙子的故事》是叙述孙子的身世。孙子一生事迹可考者不多，见诸正史记载的更少，所以历代皆有人怀疑是否真有孙子这个人，或者认为孙子是孙膑或伍员，使得孙子的身世越发成为一团疑云。这一章就是将各种有关的说法综合比较，使读者对于孙子其人，有较清晰的轮廓。

第二章《吴楚的七十年争战》，主要是叙述吴、楚两国间长时期争霸经过。由于吴国逐渐兴起，强悍善战，成为南方新起势力，从太湖附近地区向淮河流域扩张，与楚国的势力范围发生冲突。楚国这个先起的王国，抵挡不住吴国新锐的力量，淮河流域逐渐落入吴国的掌握之中，而吴国在扩张势力之余，慢慢有了自信心，冀望一举灭楚，成就霸业，孙子就是在这个时期加入了吴国阵容的。吴王阖闾重用孙子，是吴国能够破楚入郢的主要原因。孙子运用其高超的军事谋略及卓越的领导才能，千里远征，获得空前的胜利。楚国自此一蹶不振，终春秋之世，再没有与吴国争雄的能力。

第三章《孙子、伍员、阖闾的三角关系》，主要是说明这三个人关系建立之经过。伍员自楚国逃奔吴国后，即依附阖闾。当时阖闾还是吴国的公子，伍员看准阖闾是可以仗恃的人，所以处心积虑，为他筹划，弑君篡位，取得政权，然后借吴国之力伐楚报仇。至于孙子，他是在吴国的隐者，伍员深知其才，举荐给阖闾，统兵千里远征，执行破楚的作战任务。因此，伍员实在是关键人物，在这个三角关系中，他扮演了穿针引线的工作。假如没有伍员，阖闾恐怕无法登上王位，孙子也无从与阖闾接触，吴楚的争霸史恐怕也要改写一番了。

第四章《孙子辉煌的一战》，主要是叙述孙子统军伐楚的经过。自孙子掌吴国兵符之后，即积极部署，经六年之准备，用"三分疲楚"之策略，使楚军战力消耗殆尽，逐渐取得淮河流域各战略据点之控制权，完成对全面优势的掌握。然后，在公元前506年时，兵分两路，越桐柏山、大别山一带，进入楚国境内，再会师于柏举，歼灭楚国大军，乘胜追击，直攻入郢都。其间与楚军五战五胜，规模之大，作战路途之远，是春秋战役中所未见，孙子的兵学才华，在这次战役中发挥无遗。这次不仅是孙子个人最辉煌的一战，而且也是春秋历次战役中最伟大的一役。

第五章《孙子的战争原理》及第六章《孙子的战略原则》，是对孙子兵法的进一步分析，就战争原理和战略原则两方面研究孙子军事思想。其中包括"慎战""先知""先胜""主动"四原理，和"大战略""国家战略""军事战略""野战战略"等四原则，其中引用《孙子兵法》的原文，因为在下篇部分已有白话及注解，所以都没有改写，希望读者自行参阅。

最后还有三篇附录，即《古代的攻城器械》《古代的守城器械》《古代的火攻器械》，是就古代作战时各项攻守武器做一分类说明。虽然并没有包罗无遗，但是由这些器械中，可以使现代的读者对古代战争形态有所认识。

以上就是本书各章的内容要点，希望在叙述一遍之后能使读者形成一个印象，有助于阅读全文，更希望能由此对孙子的思想及人格有正确的认识。

上
篇

第一章　孙子的故事

　　孙子是中国的兵圣，他与古代兵学是分不开的。中国历代讲武论兵，没有不谈《孙子兵法》的，正如明人茅元仪所说："孙子之前的兵学精义，《孙子兵法》中都包罗无遗，孙子之后的兵学家，在谈论兵学时都不能超出孙子的范围。"（《武备志》）可见孙子实在是中国承前启后的兵学大师。中国自轩辕黄帝开国，到春秋时代，两千余年间，经历无数次的战争，在不断同化兼并的过程中，战争的经验已非常丰富。孙子正是融合了这些战争经验，完成其十三篇《兵法》，这是中国第一部最完整、最系统化的军事思想著作，对于战争原理原则的阐述，纲举而目张，曲尽而精微。自宋代以后，《孙子兵法》被尊奉为武经，与儒学并称，同为立国之文武两翼，孙子的兵圣地位自此确定。

　　照《史记》的说法，孙子是齐国人；照《吴越春秋》的说法，孙子是吴国人。不过，两书都指出孙子是春秋末期的兵学家，在吴王阖闾三年至十年之间，在吴国为将，为吴国策划伐楚大计。《史记》的列传中，有关孙子的记载是：

　　孙子，名武，齐国人，带着他的兵法去见吴王阖闾，阖闾说："你的十三篇《兵法》我全看了，你可以试着指挥一下吗？"孙子说：

"可以。"于是，吴王把后宫美女一百八十人叫出来，交给孙子操练。孙子把她们分为两队，各以吴王的宠姬做队长，拿好戟矛等武器，问她们说："你们知道自己的前心后背及左右手吗？"大家都说："知道。"孙子说："大家听清楚，我这样敲鼓，大家便看右手；那样敲鼓，大家便看左手；怎样看右，怎样看左，听明白了没有？"大家说："明白了。"于是设置执法的斧钺，准备号令。孙子先敲鼓令大家向右，宫女们笑成一团，没有听令行动，孙子说："所说的还没使你们明白，是我的错。"便又三令五申地讲解几遍，接着又敲鼓令大家向左，宫女们又是笑成一团，没有行动。孙子说："讲了几遍，大家都应该明白了，但还不能听号令行动，这是队长的罪过。"便下令将两个队长斩首。吴王大吃一惊，赶快派人来拦阻说："吴王已经知道你很能指挥军队了，这两个宠姬，是侍奉吴王的，没有她们，吴王会吃不好睡不安的，请不要斩她们。"孙子说："我已经受命为吴王的大将，大将在指挥军旅时可以不接受君王的命令。"马上命令执法斩了两个队长，另选两个补上。然后再以鼓声指挥，向左向右，向前向后，跪下起立等一切动作都合于规矩，没有人敢出声音。孙子便向吴王报告说："兵已训练整齐，请君王来看看，现在你可以随意下令，就是要她们赴汤蹈火都行。"吴王说："将军请休息吧，我不愿意看了。"孙子说："君王你只喜欢听一些空洞的言辞，却不能实事求是地做事。"吴王虽然很不高兴，但是深知孙子能够用兵，便立孙子为大将。后来打败强大的楚国，直攻入楚国的都城郢（原湖北江陵东），北面扬威齐国、晋国。使吴国在诸侯间大大显名，孙子是最有功劳的一个。

至于《吴越春秋》上的记载，则是这样：

吴王登上高台，向南面迎着风长啸，过了一阵子，忽然长长地叹了口气，随侍的臣子没有人了解吴王的心意，只有伍子胥明白他的想法，于是向吴王推荐孙子。孙子是吴国人，名叫武，擅长兵法，隐居避世，所以世人都不知道他的才能，只有伍子胥知道孙子是一个运筹帷幄、破敌取胜的将才，所以与吴王谈论兵事时，曾七次向吴王力荐，吴王便召孙子前来讨教兵法，每次拿一篇兵法呈阅，吴王便不觉连声赞叹，心中非常喜悦。（后用宫女操练兵法，和《史记》相同。）

司马迁的《史记》和赵晔的《吴越春秋》，是记载孙子事迹较为详细的两部书。除此之外，汉代以前的古书关于孙子的记载极少，《荀子·议兵》篇、《韩非子·五蠹》篇、《国语·魏语》，都曾提到孙子善用兵，其他有关家世、出身等，一概没说。因此，孙子的身世实在是一个扑朔迷离的疑案，历代对于孙子都有不同说法和看法。

第一种是怀疑根本没有孙子这个人，《孙子兵法》一书是春秋战国时代的山林处士所著；第二种是认为孙子可能就是战国时代智擒庞涓的孙膑，孙膑著有兵法，但是已经失传，而孙膑又是孙子后代，《兵法》十三篇大概是孙膑，而不是孙武的兵法；第三种看法与第一种相近，认为没有孙子这个人，孙子就是伍员（伍子胥）；第四种说法认为孙子确有其人，而且是齐国田氏之后，因避齐国内乱，才逃到吴国去的。这四种说法皆各有各的依据，为求理解孙子的家世，有必要一一说明。

首先怀疑没有孙子这个人，是宋朝的叶适、陈振孙。叶适在其《习学记言》中说：“《左传》上没有记载孙武的名字，大概是春秋末期或战国初期的隐士所著，后来的人加以渲染夸大。”陈振孙的《直斋书录解题》也说：“孙武见吴王阖闾的事，在《春秋左传》上没有记载，无法确定他到底是什么时代的人。”此外，清代全祖望的

《孙武子论》、姚鼐的《惜抱轩文集》，都赞成叶、宋二人的看法，认为没有孙子这个人。但是，进一步观察，叶、宋否定孙子其人的真实性，其主要依据是《春秋左氏传》中没有孙子的记录。《左传》是记述《孙子兵法》大事最完整的一部史书，有关吴国的记载虽然不多，但是自吴王寿梦之后，吴国大事也有记录，就是不提孙子其人。《左传》既无孙子，自然不能证明有孙子其人，而且叶适最反对《史记》及《吴越春秋》上所记孙子以兵法操练宫中妇女这件事，他说："凡是托名司马穰苴、孙武这些人的，都是当时的辩士随便说说的，绝不是事实，尤其说到吴王阖闾用宫女操练的事儿，更是夸大其词，不足采信。"这样一来，孙子便成了"子虚乌有"的人了。

　　《左传》上没有提到孙子，的确是一件不可理解的事儿。但是，这只是一种想当然的推测，历史材料的分辨，不能以一部书为准。《左传》上固然没说孙子其人，但是与《左传》时代相近的《荀子》《韩非子》却都曾提及孙子。《荀子·议兵》篇说："善于用兵者，神出鬼没，变化无常，使人不知他的来处，孙、吴就是像这样无敌天下。"杨倞注："孙，谓阖闾将孙武；吴，谓魏武侯将吴起也。"《韩非子·五蠹》篇："今境内皆言兵，藏孙、吴之书者，家有之。"孙子、吴起都有兵法传世，战国时代常把两人并称，《史记》的列传第五，就是《孙子吴起列传》，《汉书》上也说"武帝以霍去病不知古籍，常欲教之以孙、吴兵法"。吴起是战国时人，历代没人怀疑；孙、吴兵法的"孙"，如果不是孙子，那又会是谁呢？宋人叶适之前，没有人怀疑过孙子是不是真有其人。《史记》《汉书》《吴越春秋》自不必说了，像《国语》《越绝书》中也认定有孙子其人，而且汉人袁康所撰的《越绝书》中还指出："昔日吴国城外有一个大坟，这是吴王客卿齐国的孙子之墓，距县城约十里之远。"孙子是不是葬在吴门外，犹待考证，但是有孙子其人是没有疑问的。此外，注解《孙子兵法》最早，也最具卓见的曹操也确定："孙子者齐人也，名武，为吴王阖闾作兵法一十三篇，试之妇人，卒以为将，西破强楚入郢，北威齐晋。"唐代杜佑的《通典》更多处引用并解说孙子言论，以证诸战史的得失。可见只凭《左传》上没有记载孙子的事迹，就否定孙子的存在，是不可靠的。

那么，为什么《左传》不记孙子呢？明代的宋濂在其所著《诸子辩》中说："春秋时代，诸侯各国向周王室赴告者，就记载之，否则就没有记录。在二百四十二年中，大国如秦、楚，小国如越、燕，有许多事都没有在《春秋左传》中看到，又岂只孙武这个人呢？"《春秋》经传主要记中原之事，所以鲁、卫、齐、晋之事较多，宋、楚、秦、郑就不完全，吴、越为南方新兴国家，春秋末期才参与中原诸国之间，《左传》记各国之事本来就很简要，往往几句话就交代过去，孙子在吴国的地位又在伍员之下，像破楚入郢这种大事，由阖闾、伍员出面，孙子只居中策划，所以《左传》不列其名，是可以讲得通的。况且宋以前的古籍都明白指出孙子这个人，当然不能因叶适之怀疑而推翻前人的记述，而且吴人名不见《左传》者甚多，不能以《左传》无名，就断定没有这个人。

第二种说法是由于《史记》中除了说孙子的事迹，还附带说了孙膑的事迹。照司马迁的论断，孙膑是孙子后代，著有兵法，但是失传了，所以有人怀疑《孙子》十三篇是孙膑所著，而且十三篇之文体语句以及牵涉的一些制度，都是战国时代才有的，因此梁启超说："吾侪据其书之文体及其内容，确不能信其为春秋时书。虽然，若谓出自秦汉以后，则其文体及其内容亦都不类……若指为孙膑作，亦可谓真。"（《中国历史研究法》）今人钱穆先生在《先秦诸子系年考辨》

中亦说："余疑凡吴孙子之传说，皆自齐孙子来也。《史记本传》吴孙子本为齐人，而齐孙子为其后世子孙，以其膑脚（双足残废）而无名，武殆即膑名耳，其著兵法，或即在晚年居吴时。后人说兵法者，递相附益，均托之孙子。或曰吴、或曰齐，世遂莫能辨，而史公亦误分为二人也。"这种看法在近世以来颇为流行，但是自1972年，山东省临沂市银雀山的两处西汉古墓中出土了《孙膑兵法》竹简后，证明《孙子兵法》与《孙膑兵法》是两个人所著的不同的两部书，不可混为一谈。因此孙膑不是孙子，而是孙子的后代，《孙膑兵法》不是《孙子兵法》，才获得证明。

第三种说法，认为孙子可能是伍员，首先提出这个看法的是清代的牟庭，他在《校正孙子》中认为孙子的事迹与伍员分不开，似非二人。而且伍员曾在数谏吴王夫差不听后，托其子于齐鲍氏，居阿鄄（原山东东阿与濮县之间），伍员后代在齐国姓孙，其后百年有孙膑出，孙武一书盖成于孙膑之手。《史记》中曾记载孙膑生于阿鄄之间，照这个推论，则孙膑不是孙子之后，而是伍员之后，若伍员即是孙子，则《史记》中司马迁显然又误以为二人了。但是从《史记》及其他有关古籍中来看，孙子与伍员向来都是两个人，而且自银雀山《孙膑兵法》出土后，证明《孙膑兵法》非《孙子兵法》，那么孙膑也绝非伍员后代；况且《左传》哀公十一年："吴子胥出使齐国，把他的儿子托付鲍氏，就是日后的王孙氏。"王孙是氏，不是姓，伍员之子是不是改姓孙犹待考证，即使姓孙，孙膑也绝非其后，而是孙武之后，则伍员是伍员，孙武是孙武，不能混为一谈。

最后一种说法认为孙子是齐国人，为田完后代，这个说法始于唐《新唐书·宰相世系表》。宋儒邓名世《古今姓氏书辨证》说："孙氏有出自妫姓，齐田完字敬仲，四世孙桓字无宇，无宇子书字子占，齐大夫，伐莒有功，景公赐姓孙氏，食采于乐安，生凭字起宗，齐卿；生武字长卿，以田鲍四族谋为乱，奔吴为将军。"照这样看来，孙武是孙冯之子，孙书之孙。另外，自称孙子后代的清人孙星衍也说："孙子盖陈书之后，陈书见《春秋传》，称孙书，姓氏书（指邓名世之书）以为景公赐姓，言非无本，又泰山新出孙夫人碑，亦云与齐同姓，史迁未及深考，吾家出乐安，真孙子之后。"这是进一步肯定孙子是孙书之后，而且举孙夫人碑为证据。

　　但是，《史记·田敬仲完世家》载："完卒，谥为敬仲，敬仲生穉孟夷，穉孟夷生愍孟庄，愍孟庄生文子须无，文子须无生桓子无宇，无宇生武子开和厘子乞。"就是没有名"书"字子占的儿子，当然更没有冯、武等孙辈了；而且四族之乱，《史记》及《左传》均有记载，田、鲍、高、栾四家共击庆封，庆封奔吴，田氏家族并没有奔吴的记录，不但没有出奔，反而势力日大，最后还篡了齐国。至于清人孙星衍所说，孙子是陈书之后，陈书就是孙书，《左传》上确有此人，不过陈书非但没有奔吴，而且在周敬王三十六年，鲁哀公十一年，公元前484年，曾与吴、鲁联军交战于艾陵（今山东泰安南），兵败被俘。《左传》哀公十一年载："五月，鲁国会同吴国伐齐，大战于艾陵，破齐师，俘获国书、公孙夏、闾丘明、陈书、东郭书等齐国将帅。"如果孙子是陈书之后，那么不只没有离开齐国的记录，而且在吴王夫差在位时还和夫差作战，陈书的后代子孙又怎会去吴国为将，还曾帮助夫差的父亲阖闾呢？所以，第四种说法依然有许多待澄清的部分要考证。

　　在讨论了四种孙子家世的不同看法之后，前面三种完全不可信，第四种虽较为可信，但有待进一步的证明。孙子像许多中国历史上的伟人一样，缺乏足够的史籍去考据他的身世，因此我们只能就现存的，而且比较可靠的资料去推究。现存史料只《史记》和《吴越春秋》两书记载孙子的事迹较多，两书皆出于汉代，距孙子的时代较近，可靠性也比较高些。

《史记》说孙子是齐人，《吴越春秋》说孙子是吴人，究竟哪一种说法正确，这是第一个应该探讨的问题。

孙子著《兵法》十三篇，当然深通韬略，博览兵书，而且《孙子兵法》上也曾引用《军政》《兵法》等古代兵书，可见孙子是读过这些古代兵学著作的。如果孙子是世代居吴的话，那么他既不是世袭的吴国贵族，（孙子如为世袭贵族之后，则不必伍员推荐，也不至于受阖闾面试）更不可能是吴国的平民。因为平民在那个时代没有接受教育的机会，更没有接受军事教育的机会，古代的兵法一向视为秘本，父子相传，平民没有学习兵法的可能。况且吴国自寿梦称王之后，楚人申公巫臣教之以车骑御射等战阵之法，吴国才开始有强大的武力，吴王寿梦之前，吴国没有武力可言，《左传》上也毫无记载，因此孙子不会世代居吴，而是客居在吴，《史记》上说他是齐人，可信程度较高。当然，他也可能在吴国停留了相当长的时间，所以《吴越春秋》说他是吴人，但是他绝非世代居吴，这一点是可以断言的。他极可能是齐国人，而且是齐国的贵族之后，有世代相传的军事知识，而且由十三篇《兵法》上对各种地形之熟悉看，他可能周游过相当多的地方，然后在吴国定居。

孙子在吴国居住了多久，不得而知，但是他参与国事的时间却只有自阖闾三年到阖闾十年，即阖闾三年由伍员之推荐而任吴国之将，筹划伐楚，待阖闾九年十一月破郢都，第二年班师回吴后，便再也看不到关于孙子的记载了。即使在这七年之中，有关孙子的记述也不多，只看见阖闾、伍员、伯嚭、夫概（阖闾弟）统军征战，鲜有见孙子冲锋陷阵者。这是因为孙子是运筹帷幄、决胜千里之外的智将，而非披坚执锐，临阵砍杀的战将。孙子心目中的将帅，是"无智名，无勇功，故其战胜不忒，不忒者，其措必胜，胜已败者也"（《军形》篇）。而且是"进不求名，退不避罪，唯民是保，而利于主"（《地形》篇）。所以他在阖闾朝中，埋头策划部署，一旦大功告成，立刻飘然引退，真正做到了无智名、无勇功的境界。

孙子之见阖闾，系伍员之推荐，《吴越春秋》中还特别强调伍员七荐孙子，虽未能证实，但是伍员之极力保荐，大概是不假的。阖闾之能登上王位，与伍员的策划有关。早在伍员自楚国投奔吴国时，就和当时还是公子的阖闾有种种关系。阖闾刺杀吴王僚，自立为王，行刺的刺客专诸，就是伍员推荐的人选。之后，刺杀公子庆忌的刺客要离，也是经由伍员推荐。伍员逃到吴国是吴王僚五年，公元前 522 年，到吴王僚十二年，即公元前 515 年时，专诸才刺吴王僚，阖闾登王位，这一段时间有七年之久，伍员替阖闾聚贤纳士，网罗人才，专诸、要离即此一时间内所蓄养之"死士"。孙子也极有可能在这一段时间内与伍员论交，《吴越春秋》说："孙子名叫武，是吴国人，擅长兵学，避世隐居，世人都不知他的才能，只有伍子胥知道孙子有千里胜敌，破军斩将的能力。"如果不是伍员遍访贤士，怎会知道孙子"善兵法"，又有"千里胜敌"的能力呢？也只有在帮助阖闾篡位的七年中，伍员有时间去拜访孙子，待阖闾登位后，伍员谋国政之不暇，恐怕也没有访隐求贤的时间了。

阖闾初登位时，颇能勤政爱民，《国语》记载："阖闾不贪美味，不乐美声，不淫于美色，不沉于安逸，勤政爱民，体恤民间疾苦。"着实是英明之主的模样，伍员既一再力荐，阖闾又是明主，孙子的内心中，恐怕也想把历年来的军事理论具体实践，所以慨然出山，为阖闾策划伐楚大计。破楚军入郢都之后，阖闾的态度变了，滞留郢都九个月，阖闾以下的吴国将帅，无不烧杀掳掠，尽量搜刮，以致秦军来救楚时，吴军大败，伍员等人还想再战，但是孙子说：

"我带领吴国大军击破楚国，逐走楚昭王，你又挖开平王的墓，割戮其尸体，这些做法已经很够了。"不满的意思表示得很明显，当然对于阖闾及伍员也有相当程度的失望，毕竟主张"令文齐武""修道保法"的孙子不会赞同杀戮抢掠的行为，所以自楚归吴，孙子就引退远飏了。

明代余邵鱼的《东周列国志》中载有这样一段："阖闾论破楚之功，以孙武为首。孙武不愿居官，固请还山。王使伍员留之，武私谓员曰：'你知道天理循环的道理吗？春夏去，秋冬来，四季变化无止，阖闾恃其强盛，四方无敌，必生骄乐之心，现在功成而不退，必有后患，我这样做是为求自保，同时希望你也能像我一样。'员不谓然，武遂飘然而去。赠以金帛数车，俱沿途散于百姓之贫者，后不知其所终。"《东周列国志》虽为小说者流，但是叙述孙子隐归的这一段，倒颇能掌握住孙子的性格。

孙子死于何年，已不可考，不过《越绝书》上载："吴门外有大冢，吴王客齐孙子冢也，去县十里。"他的后代，清人孙星衍，曾在嘉庆年间亲访其地，结果在吴门外有个叫"雍仓"的地方找到一个古冢当地居民叫这古冢为"孙墩"，但是已没有墓碑识别。所以，孙星衍便特为立碑建祠以兹纪念，不过他似乎也不能十分肯定这就是孙子的墓冢。

归隐后的孙子，似乎仍然从事兵学的研究工作。《汉书》上记载："吴《孙子兵法》八十二篇，图九卷。"郑注《周礼》引有《孙子八阵图》，《太平御览》引有《孙子兵法》杂占，《隋书·经籍志》

载有《吴孙子牝八变阵图》一卷及《孙子战斗六甲兵法》一卷,《新唐书·艺文志》载有《孙子三十二垒经》一卷,其他如《通志》《太平御览》《文选》注中,都或多或少有一些《孙子兵法》的佚文。不过除少数佚文,这些著述都只有书名而已,内容都失传了,以至于不能肯定是不是孙子写的,更无从知道是不是孙子在隐居后的新研究。不过,就孙子这样一个兵学大宗师来说,归隐之后决不会放弃他的研究的,而且在经历破楚入郢的大战后,必然有一些新的发现,笔之于书是极为可能的事。

孙子的生平家世资料,留下得太少,但是孙子的十三篇《兵法》,都是中国军事思想的结晶;他的一生也正如他的兵法一样:"微乎! 微乎! 至于无形,神乎! 神乎! 至于无声。"(《虚实篇》)读其兵法如见其人,我们只有从孙子的十三篇《兵法》中去认识孙子了。

第二章　吴楚的七十年争战

一、吴国的兴起

　　吴国的土地大体为长江三角洲平原，其范围大概北起黄河故道，南迄杭州湾，东到东海，西至镇江以东、通扬运河以南一带，这是一个广大的冲积平原，湖泊错落，河川纵横，是一个标准的水乡泽国。生活在这一片土地上的民族，称"荆蛮"，这是当时北方中原一带民族对南方较落后民族的称呼。"荆蛮"之习俗是"断发文身"，即短发而身上刺花纹，与中原民族之束发右衽不同。春秋时代的初期，这一带还是没有开发的地区，所以与中原地区的国家很少往来，史籍上也很少记录吴国的事。

　　不过，按《史记》的记载，吴国建国很早，大概在公元前13世纪时，周之太王古公亶父生有三子，长子太伯（泰伯），次子仲雍，三子季历。季历的儿子姬昌（即日后之周文王）自幼就聪慧过人，古公亶父很喜欢这个幼孙，想把王位的承继权交给季历，再传姬昌，但是因为季历是三子，没有继承权，所以古公亶父十分烦恼。太伯和仲雍知道这种情形后，便托辞到南方采药，迁至长江三角洲平原，断发而居以表示让位的决心。当时南方的蛮夷之人，听到太伯、仲雍的高风义节，前来归附的有千余家，于是拥立太伯为主，号为"句吴"，建都梅里（今江苏无锡东南六十里之梅村），这就是吴开国的规模。

太伯死后，无子，仲雍立。仲雍死，由其子季简继任。季简死，由其子叔达继位。叔达死后，由其子周章继位，这时周武王已经克服殷商，分封诸侯，所以正式册封周章为吴，列为周王室的诸侯。周章以后，传了十四代，到寿梦继位，国势逐渐强大，开始称王，而且向外发展，参与诸侯国间事务。寿梦元年即是周简王元年，鲁成公六年，晋景公十五年，楚共王六年，也即公元前585年，是吴国有确切年代的开始。

寿梦在位二十五年，这一段时间是吴国的发展时期，而促使吴国向外发展的主要人物是申公巫臣。《史记》上记载了申公巫臣到吴国来的事："寿梦二年，楚国大夫申公巫臣，因为与楚国大将子反结怨，而逃到晋国，再由晋国出使吴国，教导吴国人使用兵车。"寿梦之前的吴国，似乎仍停留在氏族社会阶段，谈不上国家组织与制度，也不会使用兵车、御射、战阵等方法。申公巫臣是吴国第一个军事顾问，吴国的军事组织是他一手建立起来的，也正因为有了军事力量，才奠定了吴国向外发展的基础。

二、申公巫臣的图谋

申公巫臣本名屈巫臣，因为曾封于"申"（今河南南阳），故称申公。巫臣原来是楚人，从楚国逃到晋国，再由晋国至吴国，其间有一段曲折的过程。

周定王九年（公元前598年）楚庄王讨伐陈国（原河南淮阳一带）。因为陈国国君灵公是个荒淫之君，他与大夫孔宁、仪行父三人均与当时美女夏姬私通，夏姬之子夏征舒，早已怒在心里；有一次灵公和孔宁、仪行父一同到夏姬家中吃饭，席间放浪形骸，灵公开玩笑地说："夏征舒长得很像二位。"孔宁、仪行父也开玩笑说："看起来也像灵公。"夏征舒在旁听得怒火中烧，便持弓箭等在马厩门边，等陈灵公离开时，一箭射杀，孔宁和仪行父则乘乱逃到楚国。当时，陈国形同楚之保护国，楚庄王正好找到夏征舒弑君的借口，灭了陈国，并陈为郡县，陈国就此灭亡。

楚庄王灭陈之后，找到祸首夏姬，很想纳为嫔妃，这时巫臣极力劝阻，认为有失体统。因为夏姬十分美艳，楚国大将子反也想娶她，楚庄王已经答应了，但是巫臣仍是反对，批评夏姬是不祥之人，结果子反也落空了。最后，楚庄王把夏姬赐给了连尹襄老。其实，巫臣自己也暗恋夏姬，只是难以开口，楚庄王把夏姬赐给襄老，巫臣自然十分失望。

第二年，楚国与晋国交战于"邲"（今河南郑州一带），连尹襄老在这一役中阵亡，但是尸首被晋军掳去。巫臣一看，接近夏姬的机会来了，便乘机和她暗通款曲，先叫夏姬以接回连尹襄老尸体的名义到郑国，自己再以出使齐国的机会至郑国和夏姬相会，一同私奔至晋国，晋国居然也接纳了他，并且还封他为邢邑大夫。

巫臣、夏姬私奔的事揭穿之后，原来想娶夏姬的子反不由大怒，再加上以前曾因争封地而与巫臣交恶的大夫子重，一同迁怒于巫臣尚留在楚国的族人，就把巫臣之族人都杀了。于是巫臣在愤恨之余，立下誓言，要使楚国疲于奔命。所以他建议当时晋国的国君景公，接纳南方新兴的吴国，以吴制楚。晋景公在新败于邲之后，正愁没法对付楚，便一口答应这项建议，命巫臣出使吴国。吴国的寿梦也正想发展自己的力量，自然一拍即合，于是巫臣便回晋报命，然后带着晋国之"乘之一偏两之一卒"，到吴国教授乘车、御射、战阵之法。春秋时代的兵制，"一偏"是九乘战车，"一卒"是一百二十五人，这大概是示范部队，用以教授吴人作战。

不仅如此，巫臣还带自己的儿子屈狐庸至吴，吴国任命为"行人"（外交官），这是吴首次任用外人为卿。狐庸的任务是游说江汉一带的夷族、小国，使之叛楚归吴，这些夷族小国，素受楚国之兵威压力，一旦有吴国出头，自乐于从命。于是在申公巫臣之策划之下，吴楚之间展开了七十余年的争战。

三、楚国势力的扩张与衰颓

楚人起于熊耳山，楚之祖先均以熊为名，直到春秋初期仍是如此，如楚武王名熊通，楚文王名熊赀。熊耳山南麓为丹江流域，丹江南流注于汉水，由熊耳山南进，到江汉之间的荆山，楚人早期的活动就在这一带，所以楚亦称荆楚。《史记·楚世家》称："楚之先世，出身帝颛顼高阳。"周王室建立后，始祖鬻熊曾受封于丹阳（今湖北秭归东），在长江三峡区域，然后逐渐兼并鄂西黎苗各部落。到楚文王熊赀之时，迁都郢（今湖北江陵），楚国的力量开始强大，灭申（今河南南阳）、灭息（今河南息县）、灭邓（今河南邓县）、伐蔡（今河南上蔡），在地理形势上已占据中原南部的边缘地带，楚国可以由襄阳、南阳，直逼洛阳，俨然有问鼎中原之志。楚文王之后的成王熊恽，即循此路线用兵北上，与齐桓公盟于召陵，与晋文公战于城濮，结果都未能遂其北进之愿，于是楚转而向东发展。

楚成王享国四十六年，子商臣继位称穆王，穆王之后即是庄王，这两代之间，楚国采东进之政策，先后消灭了江（今河南正阳）、黄（今河南光山）、蓼（今安徽霍邱）、六（今安徽六安）、英（今湖北英山）、舒（今安徽舒城）、庸（今湖北竹山）等几十个小国及部族。楚国的势力进入淮河流域，与长江下游之吴国发生接触，因而潜伏了吴楚争战的种子。

楚庄王是雄鸷之君，在位二十三年，曾观兵周疆，问鼎之小大轻重；伐郑、伐宋、灭陈、大败晋军于邲，成就其霸业。不过，晋国的景公也是有为之王，灭狄、拒秦、败齐，重整晋国的声势，但是晋连年征战，楚势又强，只能维持不分上下的局面。楚庄王之后是楚共王，共王十六年，楚与晋又在鄢陵（今河南鄢陵）大战一场，楚军大败，楚将子反自杀。楚共王之后，有康王、灵王、平王，都是共王之子，楚国自康王以后，国势日衰，一方面是因为康王十四年（公元前546年），晋楚弭兵之会，南北分霸，兵端暂息，武备松弛；另一方面康、灵、平三王均非才略之君，吴国得以乘势而起，成为心腹之患。

四、吴楚初期之争战

吴楚之间的第一战是发生在周简王二年，晋景公十六年，楚共王七年，吴王寿梦二年，公元前584年。吴兵在申公巫臣训练之下，以新锐之师进军徐国（今安徽宿县北），这时正当楚国用兵于郑国，无力东顾，吴王寿梦乘破徐之锋，再进兵州来（今安徽凤台），楚军立即自郑郊分兵来救，但是已经来不及了；另一方面，郑国也乘楚军力量分散，全力反攻，获得大胜。楚国第一次受到吴军的侵入，吴国的势力也是第一次进入淮河流域，更重要的是，中原诸国对初次作战之吴军，竟能击败强楚，不由刮目相看，吴国地位大幅提高，成为新兴力量，也是中原诸侯国所寄望于牵制楚国的助力。

周简王十年，晋厉公五年，楚共王十五年，吴王寿梦十年，公元前 576 年冬。晋国召集鲁、齐、宋、卫、郑、郑（zhū）等国，与吴王会盟于钟离（今安徽凤阳东北），吴国等于加入了中原联盟，而中原诸侯国也等于正式承认吴国的地位。次年，晋楚大战于鄢陵，楚兵大败，吴军便乘机夺取淮河流域一带的巢（今安徽巢湖）、驾（今安徽芜湖）、厘（今安徽无为）、虺（huǐ，今安徽庐江）等地。这两次争战，吴军都是乘楚不暇东顾时，乘机在后面扯腿，认真说来，吴国的力量还没有大到可以威胁楚的地步。吴人善水战，楚人善陆战，楚军倾力进迫，吴人即乘舟顺流而去，因此楚国始终无可奈何。鄢陵之败后，楚国决心除掉这个心腹大患，于是大造舟船，编练水师，准备伐吴。

周灵王二年，晋悼公三年，楚共王二十一年，吴王寿梦十六年，公元前 570 年，楚军积多年准备，以令尹婴齐（即子重）率水师顺流东下，直入衡山（今江苏南京江宁区西南），不料吴军水陆并进，切断楚军中军，楚军大败而回，子重在这一役中发病而死。这一次吴楚衡山之役，是有规模的大战役，与以往的小接触不同，吴军的战斗力在这一役中充分表现出来。

衡山之役后，吴人伐楚不断，但并没有大规模的战事出现。周灵王十二年，晋悼公十三年，楚共王三十一年，吴王寿梦死，长子诸樊立。这一年秋天，楚共王也去世，子康王立，吴国曾乘共王之丧侵楚，但是兵败失利，吴国的公子党在这次作战中，被楚军俘虏。

第二年，即公元前 559 年，乘去年新胜之锐气，由楚令尹子囊统军，一直深入到棠（今江苏南京六合区）。但是，吴军这一次坚守不出，楚军大掠之后回师，退军时，子囊亲自断后，以为吴人不敢出战。不料到皋舟（安徽合肥至六安一带山区）的隘道时，受吴之伏兵攻击，楚军前后不能相救，又是大败，楚公子宜谷成为俘虏，主帅子囊自杀身死，是为皋舟之役。子囊在临死前，曾留下遗言说："必城郢，以备吴。"这时，楚国人开始觉得吴人难制，应该筑城防御，采取守势。其后十余年间，楚康王即采坚守不出的政策，以培养国力，吴楚保持相安无事的局面。

五、吴楚中期之争战

周灵王二十四年，楚康王十二年，吴王诸樊十三年，公元前 548 年秋天，楚人因为舒鸠（今安徽舒城）叛楚投吴，所以由令尹子木率军征讨，到离城（在舒城西北）时，吴军来袭，切断楚军的前后联络，楚军右师在前，左师在后，吴军占据中间地区七日之久，左师主将子疆便率军向前诱敌，后以精兵埋伏，吴军果然陷入伏阵，大败而退。同年十二月，吴王诸樊为报此役失败之仇，亲自统军攻楚，兵临巢城（今安徽巢湖）。楚人在城内设埋伏，诸樊轻敌躁进，中箭而死，吴军退兵。

诸樊死后，由其弟余祭继立，准备三年，行将大举伐侵楚之时，被刺身死，再由其弟夷昧继立。其后，齐国叛臣庆封逃到吴国，吴王夷昧收容了他，并且安置在朱方（今江苏镇江丹徒区）。楚国当时已是灵王在位，借这个机会联合诸侯蔡、陈、许、顿、胡、沈、淮夷等，攻入朱方，杀叛臣庆封，吴人因联军势力颇大，不敢迎战。同年冬天，吴军趁联军撤退后，又侵入棘（今河南永城）、栎（今河南新蔡）、麻（今安徽六安西南）一带。

第二年，即周景王八年，楚灵王四年，吴王夷昧七年，公元前537年，楚国又联合蔡、陈、许、顿、沈、徐、越等国，大举伐吴，这是越国出现在春秋经传上的首次记录。吴国虽用突袭的方式击败联军，但是吴越自此结怨，种下覆亡的种子。楚国也开始效法晋景公、申公巫臣的策略，在吴国侧背埋伏一个敌人。

此外，楚国自灵王起，在其国境线上择要点筑城，如派箴尹宜筑钟离城、薳（wěi）启疆筑巢城、然丹筑州来城（今安徽凤台）以抵御吴人。楚国在淮河流域这一线上，全面采取守势，虽有小规模的接触，但自楚灵王四年后，双方均无越境大举入侵的活动。

六、吴楚后期之争战

楚灵王十二年，吴王夷昧十五年，公元前529年，楚令尹弃疾弑灵王自立，是为楚平王。两年后，吴王夷昧卒，其子僚继位。依照当年吴王寿梦的意思，希望把王位由长子、次子、三子传到四子季札的手上，夷昧死后，当由季札登位。但是，季札坚持不受，吴人便以夷昧之子僚为吴王。这种继承顺序，引起樊诸之子光的不快，因为照理论上说，光是长孙，应继王位，所以埋下后来专诸刺僚的远因。光长于阵战，公元前525年，与楚军战于长岸（今安徽当涂西江中），这一次是以水师为主，楚军先胜，夺走了吴国最大的战船"余皇"。公子光乃乘夜突击，又夺回"余皇"，楚军败走，公子光在这一战中声名大振。

长岸之役后，五年间吴楚未兴兵交战。周敬王元年，公元前519年，吴王僚、公子光率吴兵大举侵楚，吴楚之间的大战又开始了。楚平王闻吴军进攻，便约集顿、胡、沈、蔡、陈、许六国之军与楚军会师鸡父（今河南固始东南），联军统帅是楚令尹阳匄（gài），但是阳匄正身患重病，由司马蒍越代理指挥，不料在会战未开始前，令尹阳匄病亡，蒍越之资望又浅，不能指挥联军，于是决议退兵。吴军见楚不战而退，便率军追击，选择月晦无光之日，先攻沈、胡、陈三国军队，使之大乱，再攻许、蔡、顿队，使之亦乱。楚军不及列阵，即被乱军冲散，吴军乘胜掩杀，楚军大败，是为鸡父之役。

鸡父之役，吴军以一国之力，败楚七国联军，声威大震，不过最大的收获是控制了鸡父一带的要冲地区，掌握了淮河流域。鸡父在淮河上游，是大别山西北麓的战略要地，楚人据鸡父则可以由大别山直出淮河流域，现在吴人占鸡父，则可进入大别山区，直逼楚国心脏地带，日后吴师攻入楚之郢都，即由这条路线用兵。

鸡父大败后，楚以子常为令尹，子常即子囊之孙，他牢记祖父之训诫："必城郢，以备吴。"乃在郢都之南筑新城，以求固守。自此之后，楚国国势日衰，只有固守备吴，而吴国也因为楚以大别山、桐柏山天险，无法深入，双方又呈对峙状态，没有重大战役发生。

不过鸡父之役后四年，即吴王僚十二年，公子光使专诸刺杀吴王僚，自立为王，是为吴王阖闾。阖闾继位后，任用了自楚逃亡前来的伍员，及伍员推荐的孙武，埋首练兵，积极准备伐楚。伍员、孙武建议阖闾分军为三，轮番骚扰楚军，敌进我退，敌退我进，使楚军疲于奔命。然后在阖闾九年，楚昭王十年，公元前 506 年时，挥军攻入楚之郢都，一举消灭楚国的势力，结束吴楚长期的争战。自公元前 584 年，吴王寿梦首次与楚交兵以来，至公元前 506 年伐楚入郢为止，吴楚之间的战争长达七十余年。

这七十余年征战之中，以入郢之战规模最大，筹划最久，也是最后决定性的一战。这一战应以伍员和孙武二人为首功，伍员在政略安排上深谋远虑，孙武在军事上运筹帷幄。自吴境发兵，经千里之遥，攻入郢都，这是春秋时代前所未有的战例，也只有像孙子这样的兵学大师，才能用非常之兵，入非常之地，建非常之功。

第三章 孙子、伍员、阖闾的三角关系

一、伍员奔吴

伍员，字子胥，父为伍奢，先祖伍举在楚庄王时以耿直忠谏出名，所以伍员的家族在楚国是世卿之家。楚平王时，伍奢与费无忌共同襄助太子建，伍奢是太傅，费无忌是少傅。但是，费无忌并不忠于太子建，时常想讨好楚平王。适逢平王为太子完婚，命费无忌至秦国迎娶孟嬴，无忌回楚后向平王夸赞孟嬴的美貌，并怂恿平王纳入后宫，而楚平王居然照着做了，另外以齐女匹配太子。这件事宣扬开了之后，诸侯各国传为笑柄，父子之间也颇有隔阂，为了避免朝夕相见，楚平王派太子建到边境守备。至于费无忌则因为这件事，受到平王的宠信。但是，他又很担心干了这种悖理乱伦的坏事，将来会受到太子建的报复，于是不断在平王面前进谗太子谋反。本来平王就是杀了楚灵王后篡位的，自不免有所疑惧，于是擒太子太傅伍奢审问，再派人杀太子，太子建便亡命宋国。伍奢被囚禁后，平王又恐怕他的两个儿子伍尚、伍员成为后患，要伍奢召来一并诛杀。结果，伍尚回来与伍奢同遭杀害，伍员则乘机逃亡，誓言复仇。

当楚平王命伍奢召唤尚、员二子时，伍奢说："伍尚为人忠厚，叫他来，一定会来；伍员为人刚烈，是做大事的材料，他看到来了后一同被擒，势必不会前来。"知子莫如父，伍员的性格是坚忍强悍，恩怨分明，伍尚则是忠厚柔懦。从《史记》上记载兄弟间的对话中，便可以看出来两人的差异，伍员说："两个儿子都回去，父子必定一同杀害，对父亲又有什么帮助呢？去了，只是一死而不能报仇，倒不如逃走他国，借力雪耻。像这样一同受死，我是不会干的。"伍尚则说："我知道去了并不能保全父命，但是我担心为求保全自己而违背父命，往后又没有能力为父雪耻，会受天下人耻笑。"伍员想到的是同死无益于事，非想办法报仇不可；伍尚则害怕逃走之后，如果报不了仇，为天下耻笑，兄弟二人的个性很清楚地被刻画出来。所以当伍奢听说伍员逃亡之后，表示："楚国君臣且苦兵矣！"

这实在是一句预言。十六年后，伍员率吴国之军，入楚破郢，挖出楚平王棺木，鞭尸三百泄愤，真是验而不爽，而伍员刚烈坚忍的性格也显露无遗。

伍员逃亡之后，先到宋国投奔太子建，正逢宋国内乱，世卿华亥、向宁、华定等与宋君互战，楚平王派蒍越率军来救。太子建、伍员听说楚军将到，便离宋奔郑。当时郑定公与晋交盟，共同抵制楚国，所以对伍员等颇为礼遇，但是郑国介晋、楚之间，自顾不暇，没有抗楚能力，所以劝太子建至晋求援。太子建果然到晋国见晋顷公，顷公则对太子建说："太子既善郑，郑信太子，太子能为我内应，而我攻其外，灭郑必矣，灭郑而封太子。"太子建居然相信这个提议，回郑国策划内应的事。结果事机不密，郑国立即杀了太子建，伍员则逃离郑国。

逃亡在外的这一段时间，使伍员体会到中原诸国的不可恃。秦、齐距楚遥远，晋国又未必真心帮助，而且晋自弭兵会后，无力与楚军争胜，仅维持一个中原盟主的空架子而已；只有南方新兴势力的吴国，与楚世仇，军力强盛，可以投奔，于是伍员由郑奔吴。

由郑国到吴国是一段漫长的路途，郑在河南新郑一带，沿颍水而下，要经过淮河流域，才能渡长江到吴国。而淮河流域一带，有许多地区是楚的势力范围，像钟离、巢城都是楚军据守之地，尤其巢城东北小岘山的昭关为必经要道。据说伍员过昭关时，曾一夜之间黑发变白，这个说法虽未可深信，但是楚追索甚急，伍员几乎被执，却是见之《史记》的记载。《史记》上说："伍胥未至吴而疾，止中道，乞食。"旅途之艰险困难可以想见。

伍员到达吴国是吴王僚五年，公元前 522 年。谒见吴王僚，伍员曾提出伐楚的要求，但是受到公子光的反对。公子光在吴王僚面前，批评伍员欲借吴之力报私仇，吴王僚听了公子光的话，没有用伍员。伍员遂在吴国辟地耕田，变为在野布衣。

吴与楚既为世仇，公子光何以反对伍员的建议呢？况且在伍员投奔吴国的第三年，吴楚交战于鸡父，楚军大败。在伍员来吴的前两年，吴楚也曾战于长岸，公子光即在此役中声名大振，由此可见公子光之反对伐楚，必别有内情。《吴越春秋》上说："恐子胥前亲于王，而害其谋，因谗伍胥之谏。"大概是可信的，公子光早有弑僚自立的雄心，对伍员这样的人才，自然有几分顾忌，不希望他忠于吴王僚，而妨碍到自己夺取王位的计划。伍员也看出公子光的用心，所以说："彼光有内志（心中另有打算），未可说以外事。"于是表面退耕于野，暗中依附公子光。

二、伍员与阖闾

　　伍员至吴后，看出公子光的用心，所以退而依附光，替他安排篡夺王位的计划。当时吴王僚所信任的三位公子：庆忌、掩余、烛庸，均各掌兵权，因此要公然兴兵篡位，似无可能，因此只有待机行刺的方法较为可行。伍员向公子光推荐勇士专诸，密谋行刺，另一方面，也寻访贤能延揽人才。一代兵学大师孙武可能就在这段时间内，与伍员有了接触的关系。

　　选定专诸为行刺吴王僚的刺客后，即精心筹划行刺的细节。吴王僚最喜欢吃炙鱼，因此为使专诸能够接近身边，特别派专诸到太湖边上学习炙鱼的方法。经三个月的训练，手艺非凡，于是安排专诸在府中，待命行动。但是自吴王僚五年伍员奔吴起，几年之间没有行动，主要是因为庆忌、掩余、烛庸围绕左右，难以下手。直到吴王僚十一年，楚平王卒，遗令由秦女孟嬴所生之子轸继立，是为楚昭王，当时昭王尚年幼，由令尹囊瓦主国。次年，吴乘楚国新丧，国内政局不稳之时，准备进攻楚国，伍员便向公子光建议乘此良机，除去吴王僚。

　　吴王僚十二年，吴国以掩余、烛庸为将，围楚之潜邑（今安徽霍邱东北），潜邑大夫坚守不出，楚派左司马沈尹戌由陆路救援，另由左尹却宛率水师由水路绝其后，于是掩余、烛庸阻于潜邑，进退两难。另一方面，吴王僚派季札出使晋国，派庆忌往郑、卫，国内空虚，公子光便暗中埋伏人马于密室之中，请吴王僚过府饮宴。僚之心中亦已有警觉，所以身披三重皮甲，堂阶布满卫士，自以为万全无惧。酒宴之中，庖人进食均由甲士搜身，然后由两排卫士把庖人挟持在中间，趋前奉上后退下，行刺机会极小。但是，公子光早已准备一口"鱼肠剑"，名虽为剑，实际上是一把短狭的匕首，专诸把鱼肠剑放在炙鱼腹中，甲士搜身自然无从查出。公子光在举觞为寿后，即伪称足伤，须用大帛缠绕，退席而出，专诸随即在甲士环绕之中，奉上炙鱼，等到趋行至吴王僚面前时，突然自鱼腹之中抽出"鱼肠剑"跃起直刺，贯穿吴王僚三重皮甲，没入胸中，吴王僚立刻身亡。四面甲士一拥而上，把专诸杀死，堂阶一片混乱。这时公子光发密室中伏兵，与吴王僚卫士交战，尽予杀散。然后升车入朝，自立为王，是为阖闾，并且封专诸之子专毅为上卿。

阖闾自立后，掩余、烛庸弃吴军而逃，掩余投奔徐国，烛庸则先奔钟吾，随后投降楚国，楚国派他守舒城。至于庆忌，则停留郑、卫之间，谋约集诸侯之力复国。阖闾对于庆忌非常不放心，因为庆忌勇武过人，又是吴王僚之子，恐为后患。于是伍员又推荐刺客要离，要离身躯短小，貌不惊人，但是智勇非常，能忍人所不能。为了潜入庆忌之侧，先故意在朝中冒犯阖闾，被囚之于狱中，并且被折断右手，然后阖闾暗中放要离逃走，再以脱逃之罪，杀了要离的妻儿。要离逃至庆忌之处，庆忌看见要离右臂已经折断，又听说他的妻儿遭杀害，自然深信不疑，留在左右。过了不久，庆忌招募人马渡江，准备伐吴，舟至中流，要离看准机会，用矛自后直刺入庆忌之背，贯穿前胸。庆忌不愧为勇士，回身擒住要离，把他的头溺于水中，左右立刻要杀要离，庆忌摇手阻止说："这是勇士，岂可一日之内杀天下二勇士乎。"反手拔出长矛，血流如注而死。舟抵吴国，左右放要离归国，但是要离说："牺牲妻儿事君，不仁；为新王而杀故王之子，不义。"遂夺剑自刎而死。

弑吴王僚、刺杀庆忌，都出自伍员的策划，所以阖闾即位后，自然把他倚为股肱，安排伐楚大计，而伍员奔吴的目的也是借此报仇。虽然当时楚平王已死，但是伍员对楚国的仇恨，并未消除，加上楚国令尹囊瓦杀了大将伯却宛，其子伯嚭亦逃到吴国，吴王伐楚的意念更加坚定。

三、孙子与伍员

　　吴楚虽为世仇，但是自寿梦为王，与楚国争战以来，六十余年之间，作战地区不出淮河流域的范围。吴军虽强，始终无法越桐柏山、大别山一线，进入楚国国境。阖闾继位之前，吴国诸王也似乎无意深入楚境，自伍员奔吴后，吴国才开始考虑长驱入楚的可能性。但是，自吴国发兵攻楚，相距千里之遥，这是深入客地的远征作战，与一般交兵不同，非要一个深通韬略的军事专家不可，于是伍员又向阖闾推荐了孙子。

　　孙子与伍员相交于何时，已经无可考证，不过大概在伍员为阖闾阴蓄死士的这一段时间，即吴王僚五年至十二年间。像专诸、要离等都是经过伍员的查访、考核选拔出来，担任重要任务的。由《吴越春秋》上记载的伍员曾七次推荐孙子来看，孙子在当时并不出名，世人鲜知，所以才会有阖闾面试，以宫中女侍为阵操演的一幕出现。假如孙子早具声名的话，阖闾断不致测试之后才予录用。《吴越春秋》说："孙子者，名武，吴人也，善为兵法，僻隐深居，世莫能知其能。"则孙子是在吴国的隐者，当无疑问。

　　阖闾所需要的是一位能运筹帷幄，决胜千里之外的大军统帅，尤其对远征计划要有深入之研究,因此阖闾读过孙子的十三篇《兵法》后,绝口称善,其意大悦。十三篇中,论地形之处最多,如《军争》《九变》《行军》《地形》《九地》等篇多为讨论战略、战术地形之利用,特别对于客地作战部分,阐述最多,自然深合阖闾之脾胃。或者,孙子可能是专为远征作战而写的,亦未可知。

吴国伐楚为空国而出的远征作战,因此必须预防可能的后患,所以将都城重行扩建,在姑苏山东北三十里,造筑大城,大城之南复筑小城,大城周围四十二里又三十步,开水陆城门各八,使居民迁居其中;小城周围八里又二百六十步,开南、北、西三门,唯东门不开,以表示断绝越之光明。可见,筑城主要是防止越人来袭,另外再在凤凰山之南,筑南武城,作为抵御越人的前哨据点。

其次,伍员、孙子共同议定之持久消耗战略,即重行编练吴军,分之为三部,交互运用。以一部出击楚军,待楚军集结反攻时,即刻退走,楚军归散时,再以第二部出击。楚遂不得不再度集结,这时吴军第二部退走,楚军无法找吴军主力决战,只能归散,这时吴军再以第三部出击,这样长期消耗楚军战力,使楚国疲于奔命。

这项"三分疲楚"之策,虽出于伍员之建议,但是实际负责执行的,是孙子。吴王阖闾三年,孙子率军北上伐钟吾,然后挥兵攻徐国,其目的在除去躲在二地之吴国公子掩余和烛庸。钟吾先克服,而徐国坚守,孙子即用"防山而水之"的办法,就是依山作堤,堵水以淹城。徐国国君章羽出降,但是掩余和烛庸均已逃奔楚国,徐君章羽在吴军退走后,也逃往楚国。楚国本已出兵救徐,但左司马沈尹戌率兵前来时,吴军已退,于是替徐君筑城于夷_(今安徽亳州),以安置徐国族人,另外再替掩余和烛庸筑城于养_(今安徽太和县西)以作为牵制吴人的前卫,部署完毕后,楚军在第二年退回。

　　但是楚军一退，吴军又出，以一部兵力攻徐君章羽所居之夷，楚军立即出兵救夷，但吴军避免与之接触，移师向南，攻楚国之潜邑（今安徽霍山东北）及六邑（今安徽六安市），楚军回师救援时，吴军已退。但是退走的是吴军第一部，第二部分吴军立即出动，进围楚之弦邑（今河南光山），楚军赶忙去救援时，吴军又退走，楚人探知吴军确实退兵后，亦班师回归。楚军一退，第三部分的吴军立即突然进攻养邑，楚人救援不及，吴军破城而入，捉住掩余和烛庸，当场杀掉，以杜后患。

　　自阖闾三年十二月，孙子率军伐钟吾、徐国起，至阖闾四年秋，杀掩余、烛庸止，一年的时间，吴军在孙子的统帅之下，充分发挥其机动的能力，纵横淮河南北，使楚军疲于奔命。楚军最大的错误是摸不透孙子的战略目标，所以处处受制，正如孙子在《虚实》篇中所说："知战之地，知战之日，则可千里而会战；不知战地，不知战日，则左不能救右，右不能救左，前不能救后，后不能救前。"楚军处处被动，吴军处处主动，吴军的目标是消灭掩余、烛庸的残余势力，所以分别在潜、六、弦等地吸引楚军。等楚军一退，立刻以迅雷不及掩耳之势，一举攻入养邑，诛杀掩余、烛庸，除去心腹之患。

　　经此一战后，孙子的军事才能极得阖闾赞赏，阖闾颇想乘此长驱直入楚国，攻取郢都，但是孙子不赞成，说："民劳，未可，待之。"征战经年，士卒周旋于战场，自需要休息，况且大别山以东，淮河流域一带尚有少数小国及夷族未服，南面之越国又受楚国之怂恿，背后牵制，整个用兵远征的形势尚未造成，因此孙子反对进攻。阖闾接受了劝告，班师而回。第二年，即阖闾五年夏，吴军以越国不追随吴伐楚为名，进兵越疆，与越王允常战于槜李（今浙江嘉兴南）。

越军大败，臣服吴王。这是吴、越之间第一次大规模作战，在此之前，吴越虽有冲突，但始终没有大战场面出现，越国大体上都是臣服吴国。这次欈李之役，阖闾主要在警告越国，不得妄动，巩固其后方，作远征楚国之先期部署。

就伍员自吴王僚五年，自楚奔吴后，到阖闾五年进兵越疆止，吴国的形势逐渐改变，这种改变是由伍员所一手策划，他帮助阖闾弑君篡位，使得伐楚的计划能够实现。但是，千里长征，非赖深通韬略的将帅不可，因此请出孙子，做运筹帷幄之主。所以阖闾、伍员、孙子的三角关系中，以伍员为中心，他是真正居中撮合的人。

就阖闾而言，伍员能谋，更能招募死士专诸、要离之辈，杀王僚、杀庆忌，是可以共大事的人，而且吴楚世仇，一旦灭楚入郢，可以成霸王之业，所以重用伍员。就伍员而言，出奔楚国时，天下无可容身之处，郑、宋自顾不暇，齐、晋大国又无意接纳，而且中原诸夏本来就歧视楚人，不得不入吴观望，阖闾既能成大事，伍员自倾力相助，用尽一切手段，帮助他夺取王位，杜绝后患，成就霸业。但是，孙子与阖闾的关系就不同了，他不像伍员一样参与机要，而且就历史记载来看，亦并不十分得阖闾之欢心。他原是隐者，之所以出来统军，主要由于伍员之力荐，而且他的地位在伍员之下，与阖闾之关系必然十分疏远。伍员力荐孙子时说："今大王虔心思士，欲兴兵戈以诛暴楚，以霸天下而威诸侯，非孙武之将，而谁能涉淮踰泗，越千里而战乎！"可见主要是因为孙子有军事长才，为了远征楚国，才重用孙子为将。孙子之所以甘为所用，多半为了伍员的知遇，也可能是为了借此实践其军事理论，但是他没有政治上的企图和野心，是可以确定的。伐楚入郢，大事完成之后，孙子立刻飘然远去，重度其隐居生涯。在这三人之中，他是最高明的一个。

第四章　孙子辉煌的一战

一、大战前的准备

自伍员、孙子共同制定及执行"三分疲楚"的战略后，楚国深受其苦。吴王阖闾三年时，就想用兵入楚疆，但为孙子所劝阻，孙子考虑军旅战力未足，而且战前的形势安排未成，不宜用兵深入，因此仍然采取长期消耗的办法。所以，自阖闾三年之后，无岁不有吴师，楚国确已被扰乱至精疲力竭的地步。吴军则一面搅扰牵制，一面又乘楚军不备时，夺取重要据点。其最大的收获是豫章之役，豫章在汉江淮水之间，即光州与寿州之间，是大别山区的出入通道。

吴王阖闾七年，吴人先引诱桐国（今安徽桐城）叛楚，再利用舒鸠（今安徽舒城）人密报楚国，说吴国诱使桐人反叛，留下军旅防守。但是兵力不强，可以乘机袭取，同时还建议楚军水路、陆路并进，以水师迎战，以陆军断其后路。楚令尹囊瓦居然采用此建议，在这一年秋天出兵攻吴。

楚令尹囊瓦率水军，公子繁率陆军，水陆并进。不料吴人早知其作战部署，先虚放舟船溯江而上，牵制楚国水师，再以陆军埋伏舒鸠附近。公子繁之楚军中伏大败，逃到巢邑。吴人再以得胜之军攻囊瓦水师，抢到楚人舟船，囊瓦败逃，然后吴军围攻巢邑，捉住公子繁而归。这一役之后，大别山麓以东，汉水、淮河一带，全为吴国所有，各小国及东夷部落全部臣服，只要越过桐柏山、大别山，就可深入楚境了。

第二年，楚之属国唐、蔡叛楚，引起北方诸侯会盟。唐之国君唐成公，蔡之国君蔡昭侯，原来都臣属楚，以楚为霸主。两位国君来朝时，蔡侯有二佩二裘，以一佩一裘献楚昭王，另一佩裘自用，但是令尹囊瓦见佩裘俱为极品，向蔡侯索取，蔡侯不允，囊瓦便扣留在楚。不准蔡侯回归。唐成公入朝时，驾车双马为"肃霜"名种，囊瓦也想得到，唐成公不允，同样也扣留在楚，唐蔡两君在楚三年不得回国，于是左右私下盗马献给囊瓦，囊瓦就先放了唐成公。蔡侯看见唐成公已回国，便献出佩裘，也释放归国。蔡侯归国后，怒气填胸，矢志谋楚，于是奔走列国之间，并以世子元押在晋国为质，要借兵伐楚，晋定公且诉告周天子。于是在次年大会诸侯，准备与楚一战。

阖闾九年三月，晋、宋、蔡、卫、陈、郑、许、曹、莒、邾、顿、胡、滕、薛、杞、齐、小邾，以及周天子之卿士刘卷，会于召陵（今河南漯河郾区），准备进军。但是主帅是晋国士鞅，优柔寡断，各路诸侯又各怀二志，所以扰攘一阵便各自退兵，会盟便无疾而终。蔡侯自然大失所望，引军回国时，经过沈国（今河南汝南东南及安徽阜阳西北一带）时因为怨愤沈不会盟，就袭击沈国，虏其君而杀之。这件事激起楚国之怒，兴师伐蔡，包围蔡邑。蔡昭侯看见晋国不可恃，转向吴国求援，愿意以次子干为质，请吴王阖闾出兵。于是，吴国伐楚入郢的机会终于来到了。

二、作战计划

蔡侯求援的消息传到，吴王阖闾便召伍员、孙子商议。阖闾说："当初你们说还不能伐楚，现在的情形如何？"伍员、孙子回答说："楚国主政的囊瓦，为人贪婪，唐、蔡都深为怨恨，君王如决定要攻楚，可以先结纳唐、蔡两国。"于是，阖闾下决心"大伐"（大举进兵），一面派使者通告唐、蔡，并征调两国之军；一面拜孙子为大将，伍员、伯嚭为副，阖闾之弟夫概为先锋；另外以公子波留守都城以备越国；倾全国之兵，出发攻楚。

吴军在孙子筹划之下，其作战计划是分两路进兵。南路一军是主力，由潜邑越过大别山区，经峻山密林之地，由柏举（今湖北麻城）进入汉水地区。北路一军乘舟渡淮水，在淮汭（今安徽霍邱）一带舍舟登陆，先行救蔡，再会同蔡国之军，越大隧（河南与湖北交界之大胜关）、直辕（武胜关）、冥厄（平靖关）三隘口，进入汉水地区，以与南路军会合，然后进入郢都。

至于楚军之作战，并没有预定计划。令尹囊瓦见吴军救蔡，便解蔡之围而退兵，并且向楚王告急，楚昭王即派沈尹戍率军支援。沈尹戍来到后与囊瓦商议，由囊瓦率主力在汉水西岸采取守势，沈尹戍自己则快速绕道至淮汭一带破坏吴军留下的舟船，然后退到大隧、直辕、冥厄三隘口，塞住吴军去路，成包夹形势，再由囊瓦以主力南北夹击。沈尹戍之计划是以吴人舍舟登陆，必然是以步兵为主，行动速度慢为依据的，所以计算行程必能抢在吴人之前，控制大隧、直辕、冥厄三隘口。而且楚军也不清楚吴兵南路已进入大别山区，以为北路军是主力，所以整个战略部署上完全是被动状态。

就地理形势而言，楚国占其地利，吴军伐楚只有四条路线可供取舍：一是溯长江而上，直达郢都；二是由潜、六、鸡父等大别山隘口入山，由柏举一带出大别山，进入江汉平原；三是由淮河西上，经桐柏山、大别山之间的大隧、直辕、冥厄三隘口，渡汉水，入郢都；四是渡淮河，经陈、蔡，取道申、吕（今河南南阳），入襄阳，直达江汉一带。这四条伐楚的路线，第一条溯江而上，虽然便捷，但是水师力量有限，不解决楚国陆军，随时有被切断后路之可能；第四条路线需要绕道楚国北方，而楚国为对付中原诸国，常屯重兵于北方，而且借道陈、蔡、申、莒诸国，军旅难以保持其隐秘行踪。所以，孙子决定并采第二、三条作战路线。

在当时而言，大别山区狉獉未辟，森木密布，是一个原始的未开发地带，仅有少数夷族往来。因此，楚国亦未在大别山区屯驻重兵防守，总以为天险难越。不料，吴军在孙子指挥之下，由不虞之道，行无人之径，其主力部队由潜邑（安徽霍山东北）进入大别山区，即是采取奇袭的手段，待楚人发觉后，吴军已至柏举（湖北麻城）。仓促应战，自然不敌，柏举一失，吴军便长驱直入郢都了。况且，越大别山入楚是孙子早已计划的战略，自阖闾三年起，吴军便不断扫荡潜、六、巢、鸡父、舒邑这一带地区，务使完全掌握。楚人优势形态已不存在，又不知依大别山布防，被吴人轻易度越，所以在交战之前，楚国已屈居劣势，再加上战术失当，自然非败不可了。

三、初期三战

吴国依照其预定计划，自淮汭舍舟登陆后，快速向大隧、直辕、冥厄三隘口推进，而楚军主帅囊瓦也照着和沈尹戌的约定，在汉水西岸列阵。不料吴军行军速度惊人，很快就穿越三隘口。《吕氏春秋·孟秋纪》上说："吴阖闾选多力者五百人，利趾（擅长行走者）者三千人，以为前阵，与荆楚战，五战五胜。"可见，吴军是选拔一批勇健士卒，突击三隘口，先占地利，大部队随之而进，与楚军隔汉水对峙。

形势至此，若完全依照沈尹戌的计划，囊瓦之楚军坚守不出，待沈尹戌绕道其后，夺回三隘口，吴军归路切断，仍有胜利之可能。但是，两个因素改变了囊瓦的决心：一是他听说吴之南路一军已度越大别山，直向柏举而来，所以囊瓦心中不定；其次是大将武城黑及史皇均向囊瓦建议，吴军翻山越岭而来，其势必然困疲，可以乘机迎击，而且若等沈尹戌塞住三隘口夹击，则功劳全为沈尹戌所有。于是，囊瓦决定置当初夹击计划不顾，单独指挥楚军与吴作战。

另一方面，吴军为诱使囊瓦移动，其北路一军向东移动，一面与南路军会合，而囊瓦认为吴军不渡汉水，必然因深入楚地而心怯，于是下令追击。吴军沿小别山退到大别山区的举水（今湖北麻城东）以东下寨，吴军南北路已经会师。囊瓦始终以为吴之北路军是主力，到这个时候才知道估计错误，但为时已晚。

自阖闾九年出兵伐楚，到吴楚列阵举水，已经是十一个月了。吴军深入楚地三个月之久，南北两路分进，会师之后，合击的态势已成，便开始向楚军发动攻击。吴军前锋夫概以坚木为棒，直冲楚军，楚人未曾见过这种打法，前军一乱，吴军乘势一拥而上，楚军败了第一仗。

其后，楚军乘黑夜来劫吴人大寨，结果反遭吴人埋伏，大败而退，依柏举山区一带防守。囊瓦连败之下，颇为烦恼。这个时候，楚昭王知道吴人已入楚疆，恐战阵失利，派大将蒍射率兵来援。蒍射与囊瓦意见不合，囊瓦主张与吴军决战，蒍射则主张依照沈尹戌的计划，坚守不战，以待其塞住三隘口后会师进击。囊瓦自认是楚之令尹，责蒍射不听号令，蒍射则瞧不起囊瓦贪鄙无能，双方便各自分开立寨。名虽互为犄角，但是相去有十余里，正好给予吴军各个击破之机会。

吴军先锋夫概看出楚军将帅不和，正是破楚良机，于是便以本部五千人马，攻入囊瓦营寨，其余主力随之攻入。囊瓦见势不妙，乘乱脱逃，奔往郑国而去。大将武城黑、史皇均战死，囊瓦这一部分楚军全遭消灭。当囊瓦营寨受攻击时，蒍射不动，亦不救援，只是收编囊瓦残部，重整军容。吴军见蒍射军严阵以待，也勒兵不进，双方又各立营寨，对峙数日，初期三场作战，暂时告一段落。

四、决定性的两战

蒍射与吴军对峙数日，吴军不攻，楚军亦不敢妄动。但是，长久耗下去也不是办法，于是蒍射想到逐次后退之法，希望把兵力往后撤，等沈尹戌自北方回来会师，再作打算。于是以其子蒍延先行，自己断后，慢慢退到清发水（今湖北安陆西之涢水）东岸，列阵以待，准备背水一战。吴军多主张乘胜进攻，但是夫概反对，认为困兽之斗，徒耗战力，待楚军半渡时，再发动攻击。果然，薳射见吴军不战，便下令渡河，楚军渡过十分之三四的兵力时，吴人发动攻势。楚军到这个时候，背水列阵的气势已衰，士卒一心只想抢着过河，无心恋战，军士争着上船，一片混乱，薳射只有弃军而逃，被夫概一戟刺死。

已渡河之楚军，由薳射之子薳延率领，撤退到雍澨（今湖北京山）附近，人困马乏。正埋好锅，煮熟了饭时，吴兵已经追到，楚军弃食而逃；吴兵正好饱餐一顿，继续追击，包围薳延之残部。这个时候，沈尹戌的军旅从三隘口赶来，吴军暂退列阵，准备最后决战。

沈尹戌本来是照计划行事，先至河南方城一带调取驻守北疆之楚军，先南下至淮汭摧毁吴人舟船，再塞住大隧、直辕、冥厄三隘口，断吴军后路。不料，吴军先过三隘口，沿大别山山麓与其南路吴军会师。等沈尹戌得知这个消息后，中途折回，不及一个月的时间，楚军的形势已无可挽回了。沈尹戌赶回后，在雍澨一带列阵，他已经看出情况不妙，所以命薳延回郢都通报楚昭王固守城池，一面下决心死战成仁。这一战是吴楚的最后一战，也是规模最大的一战，双方都竭尽全力搏杀。沈尹戌存必死之志，所以双方接触时，吴军不敌其锋，往后稍退。

调整阵势后，吴军再度发动攻势，以强弩在前，短兵在后，全力冲杀。吴军因深入客地，唯有求胜才能生存，楚军则身居散地，士卒思归。虽然沈尹戌身先士卒，但是在冲杀之中，身负三创，楚军见主帅重伤，气势大衰，吴军则声威大振。楚军不敌败退，沈尹戌的部将吴句卑保护他冲出重围，这时沈尹戌已伤重卧于车中，为免被吴人掳去，便命令吴句卑割下他的首级，向楚王回报。沈尹戌一死，楚军大乱，士无斗志，吴军遂获得全面的胜利。雍澨一战，楚国全部主力均被消灭。吴军渡过汉水即可长驱直入郢都了，楚国的命运到此也已经决定了。

初期三战中的前两战，楚帅囊瓦败于心怯、贪而无勇、受顿挫而生胆怯。其后薳射来援，双方又不能合作，各自为战，这一点囊瓦固然应负责任，但薳射按兵不动，眼看友军被消灭而不救援，也难辞其咎。其后，列阵坚守，以逸待劳，原不失为良策，但是守而不能久，等不及沈尹戍的援兵赶来，就往后撤退，以至于遭吴军半渡而击之，一败不可收拾。等到沈尹戍率军赶到，楚军的失败形势已难挽回，虽奋勇力战，一鼓作气，暂时击退吴军，可是再而衰，三而竭，终不能抵挡吴军的声威。雍澨大会战兵败身死，楚国无险可守，无兵可用，只有坐待吴军围郢都而已。

五、破楚入郢

楚军兵败的消息传来，楚昭王君臣惶怖不安，国事由异母兄子西、子期决定。楚国之郢城外，另有麦城及纪南城为犄角，于是派将军斗巢守麦城，派将军宋木守纪南，准备作最后顽抗。吴军先取麦城，再决漳江之水灌入纪南城中。水势直淹郢城之下，吴军自山中砍竹造筏，乘水直攻郢城。楚昭王看麦城与纪南均失，郢都早晚难守，于是弃郢而逃。楚国军旅见国君出亡，无心守城，吴军遂得破城而入。这一天是十一月庚辰日，楚昭王十年，吴王阖闾九年，周敬王十四年，公元前 506 年。

自十一月庚午日，吴楚战于柏举，破囊瓦之军，到同月庚辰日入郢都为止，共计十日。吴军一路追击，战线之长，追击之猛，是春秋时代所未有。春秋时代的大战，如城濮、殽、邲、鄢陵诸战役，都是会战于一地，决战一日即告结束，从没有这样猛打猛追的，也没有决战十日之久的。孤军深入敌国，转战千里之遥，还能发挥无与伦比的战斗力，柏举、清发水、雍澨三战，几乎歼灭楚国全部军旅，也是前所未有的战例。若不是一代兵学大师孙子担任主将，吴军不可能有如此优异之表现。难怪司马迁在《史记》上称赞说："西破强楚，入郢，北威齐晋，显名诸侯，孙子与有力焉。"

郢都城破，楚昭王携其妹季芊，由大夫针尹固驾舟溯江西奔。为防止吴军追来，于是放出楚宫中的象群，在象的尾巴上系住火把，纵之向吴军奔去，遂得以脱逃。这个以火驱兽奔敌的方法，也是历史上的第一次。百余年后的田单火牛阵，极可能是以火象阵为蓝本的。

吴军入郢之后，楚国君臣各自逃散。由于仓惶逃出，家室都不及带走，吴君臣分别住进楚君臣之宫府。《左传》上说"以班处宫"，即是吴王入楚王之宫，吴大夫入楚大夫之府，吴诸将入楚诸将之舍，其余吴军亦乘机大肆抢掠，郢都宝货财物尽为吴军所有。吴先锋夫概与公子山为争夺囊瓦之宫府，几乎互相用兵攻战，可见吴人入郢后之种种暴行。孙子对吴军之行为自不赞同，亦曾苦劝吴王，但是吴王不听，一心贪恋楚国之宫室美女及宝货财帛，占据郢城九个月之久。但是，楚国虽败，在这一段时间中，却没有一个楚国臣子投降吴国。吴军虽强，能破楚而不能治楚，最后不得不退回吴疆；楚之君臣这一次的表现，还是相当有气节的。

吴军入郢后另一件大事是为伍员报仇。伍员之世仇楚平王在吴军入郢时，已死去十年之久，但是伍员之积恨难消，找出平王之棺，拽出尸身，鞭尸三百。伍员这种报仇之手段，逾出常情，为当时人所不谅解，所以楚大夫申包胥使人对伍员说：“你的报仇手段，不觉得太过分了吗？你曾是楚平王的臣子，侍奉过平王，现在竟做出毁尸侮辱之事，岂是合乎道理的做法？”伍员听到后说：“日暮路远，就算我是倒行而逆施之于道好了。”可见，伍员在当时已经达到疯狂之状态。司马迁在《史记》上说：“怨毒之与人，甚矣哉！”一切礼法约束都不在伍员眼下，申包胥的劝告当然是听不进去的，于是申包胥北上秦国，请兵救楚。

六、申包胥乞师救楚

申包胥，姓公孙，因为曾受封于申，所以叫申包胥。在伍员没有出奔楚国前，两人是至交好友。伍员逃亡之时，曾对包胥立誓灭楚，申包胥说：“子能覆楚，吾必存楚；子能危楚，吾必能安楚。”十余年后，伍员带着楚军打入郢都，楚国已在覆亡之边缘了。因此申包胥在最后劝告伍员无效后，赶赴秦国求援。

当时的秦国，与楚国有姻亲关系。楚昭王之母，即是楚平王夺自太子建的孟嬴，孟嬴是秦哀公之妹，因此申包胥奔赴秦廷哭求。秦哀公原来不许，但是申包胥在朝廷上痛哭，七日七夜不止，秦哀公受他的感动，答应出兵，以兵车五百乘（约三万六千余人）救楚。

吴军在郢都烧杀掳掠，早已引起楚国人的愤怒，楚国诸大夫出亡在外的，都分别召集楚人抗吴，像斗辛、王孙圉、王孙由于、宋木、斗怀、蒍延、子西等，各自与吴军交战，虽起不了决定性的作用，但是对吴军的干扰很大。申包胥自秦借兵回来后，便与这些力量结合在一起。

吴王阖闾十年，楚昭王十一年，即吴军破郢后第二年的六月，秦军由子蒲、子虎为将，在楚人引导之下，进入楚境。吴王阖闾令夫概率军迎战，双方交战于沂（今湖北枣阳东）。吴军入郢七个多月，士气斗志都消磨在掳掠之中，楚人则悲愤填膺，秦军又是新锐，所以一经接战，夫概就大败而退。夫概兵败后，恐怕回去受阖闾责罚，另外再盘算形势并不乐观，不如及早抽身而退，于是弃下阖闾不顾，带领自己的人马潜归吴国，同年的九月在吴国自立为吴王。

阖闾听到夫概潜回吴国自立，感觉事态之严重，楚国既不肯臣服，秦军又已直迫而来，乃急急撤兵东归。秦、楚联军乘机反攻，在公壻之溪（今湖南岳阳东北）追上吴军。吴军无心恋战，败了一仗。不过吴军虽败，仍是训练有素的劲旅，秦、楚联军也无法消灭吴军。照伍员等人的意思，还想再找机会决战。伍员说："楚人虽胜了一仗，但是我们还有足够的战斗力，主力未曾受损。"但是孙子劝告他说："我们破了楚国国都，逐走昭王，又挖了平王的墓，毁了尸体，这样也实在是够了。"于是吴军终于退出楚国。阖闾回国后，引兵攻夫概。夫概逃走，投靠楚国，楚国居然也收容了他，封在棠溪（今河南遂平西），用以牵制吴国。

破楚入郢，是阖闾一生霸业的巅峰，也是伍员扬眉吐气的时刻。但是，就孙子来说，整整一年的征战对他的思想看法必然有很大的影响。孙子不是主张杀伐无度的人，相反，他是力主慎战的。吴军进入郢都后，种种作为必然引起他的感慨，阖闾贪恋楚国的宫室宝货，伍员掘墓鞭尸的行为，想来也引发孙子的反感。六年的策划部署，千里转战攻伐，只为了宣泄私人的怨恨和烧杀掳掠一番吗？这决不是写出十三篇《兵法》的孙子所愿意看到的。在吴国君臣陶醉于胜利中时，只有孙子能体会出盛极而衰的道理。所以吴军归国之后，孙子就引退求去，隐居终老。

破楚入郢后，吴国威震诸侯。阖闾十一年，即吴军班师回国后第二年，楚国为报破国之恨，以水陆并进，攻伐吴国，结果水军败于长岸一带，陆军败于繁阳（今河南新蔡）。楚国大感恐慌，为防吴人再度入侵，因而都于鄀（今湖北宜城），国势一蹶不振，终春秋之世，没有与吴抗衡的能力。但吴国也受越国之牵制，而致沦亡越人之手。

第五章　孙子的战争原理

自有人类以来，战争在历史上从未曾停止过。中国历史上相传黄帝曾以七十战而定天下。黄帝之后，五千年之间，历代无不有战争，国家由战争而立，亦由战争而亡，国家在战争之中交替兴革，历史也在战争之中随之演进。《吕氏春秋》上说："古圣先王只有仁义之兵的说法，而没有偃息兵旅的说法，因此用兵可说是自有人类开始即存在着，用兵是一种威力，这种威力是来自天赋之人性。"（《孟秋纪》）《吕氏春秋》自人性说明战争之起源，虽不无商榷之处，但是战争至今无法在人类社会中消弭，却是不可否认之事实。

战争既不可避免，因此历代讲武论兵者均就不同的角度去观察战争、研究战争，以期求得一种适应战争的态度和方式。孙子是中国古代最杰出的兵学大师，他身处的时代正是战争最频仍，诸侯兼并最剧烈的春秋时代，他的十三篇《兵法》又是最完整、最系统化的兵学巨著，因此他对战争也必有其一定的观点，这些观点就是孙子的战争原理。虽然孙子并未专就战争之原理阐述说明，但我们可以就散见的十三篇《兵法》中，就孙子对于战争所抱持的态度和方式，予以归纳，找出这些观点，而形成孙子之战争原理。孙子之战争原理，可概括分为四项，即慎战、先知、先胜、主动。"慎战"是不轻战、不厌战；"先知"是战前的知己、知彼；"先胜"是求不战而胜，或战而速胜；"主动"是致人而不致于人。孙子对于战争的观点，大体以此四项为基础，这可以说是孙子的战争原理。

一、慎战原理

《孙子兵法》开宗明义的第一句话就是："兵者，国之大事，死生之地，存亡之道，不可不察也。"（《始计》篇）这里所谓的"兵"，就是指战争而言。这种视战争为国家大事的观念古已有之，《左传》上说："国之大事，在祀与戎。"《韩非子》上说："战者，万乘之存亡也。"都是强调战争关系国家之存亡、百姓之生死。战争既为国家大事，自当详加审察，不可轻启战端，尤其不能以君主一己之好恶喜怒而发动，所以孙子又说："主不可以怒而兴师，将不可以愠而致战，合于利而动，不合于利而止。怒可以复喜，愠可以复悦；亡国不可以复存，死者不可以复生。故明主慎之，良将警之，此安国全军之道也。"（《火攻》篇）孙子所说的"安国全军之道"，实际就是指出战争为国家之事，而非君主或将帅一人之事，因此要合于国家之利益，才可兴师用兵，不合于国家之利益，则万不可以一己之私而妄动。这种以国家为主体的战争概念，在两千五百余年前的春秋时代，确有针砭之处。春秋时代，王纲失坠，诸侯势大，二百四十二年之中，可考战役有二百一十三次之多，绝大多数是怒而兴师，愠而致战，完全没有以国家之利害为着眼点。所以孙子特别提出"亡国不可以复存，死者不可以复生"来警示君主及将帅。

孙子可以说是第一个提出国家战争概念的人。

战争既是为了整个国家，所以："善用兵者，修道而保法，故能为胜败之政。"（《军形》篇）又说："故经之以五事，校之以计，而索其情。一曰道，二曰天，三曰地，四曰将，五曰法。道者，令民与上同意，可与之死，可与之生，而不畏危也。"战争既为国之大事，则必须上下一心，勠力以赴。而欲使人民愿意抛头颅、洒热血，则政府必先"修道保法""为胜败之政"，政府能做到"令民与上同意"，即在政治上胜过敌人。反之，如政治不修，民之不附，轻率用兵，即是"败政"，断无幸胜之理。所以战争非止用兵而已，与一国之政治有密切关系。不仅与政治有关，而且还要和天时、地利、将帅、法制一同汇总观察，这就是："经之以五事，校之以计，而索其情。"索其情的目的是知可战与不可战，可战则战，不可战则止。所以孙子既不轻战，亦不厌战，而是自理智的分析中，考虑战争胜败的可能性，他是十足的慎战主义者。

战争是以国家存亡、国民生死做赌注，战争之胜败涉及国家之整体安危，因此在平时应该"修道保法"，战时才能"令民与上同意"。战争之发动，断不能靠一二人之"怒""愠"，而必须以冷静客观之理智，就"道、天、地、将、法"五事详察之，合于利则动，不合于利则止，这才是"安国全军之道"，也是孙子的慎战原理所在。孙子虽然没有单独提出"慎战"二字，但是十三篇《兵法》之中，几乎每一篇都是强调谋定而后动，绝不主张轻启战端，更不主张滥施攻伐。他处处以国家利益为着眼点，就国家战争的概念上观察战争的可能性，因此"慎战"可以说是孙子战争原理中第一原理。

二、先知原理

战争既为国家存亡安危之所系，那么究竟能不能打这一场战争，打了之后能不能获得胜利，这就是战争前的"先知"。孙子说："明君贤将所以动而胜人，成功而出众者，先知也。"（《用间》篇）"动而胜人"指取胜之胜算，"成功而出众"指胜利之战果，因此要："校之以计，而索其情。曰：主孰有道？将孰有能？天地孰得？法令孰行？兵众孰强？士卒孰练？赏罚孰明？"这就是先庙算而知胜负，"夫未战而庙算胜者，得算多也；未战而庙算不胜者，得算少也。多算胜，少算不胜，而况于无算乎？"（《始计》篇）孙子另外还有一段话："故知胜有五：知可以与战不可与战者胜，识众寡之用者胜，上下同欲者胜，以虞待不虞者胜，将能而君不御者胜，此五者，知胜之道也。"（《谋攻》篇）可见"知"是从比较计算中得来。孙子之战争理论是建立于知，审慎于行，不知不动，知而后动，行动之前力求先知，先知则在先计先算，就敌我双方的各种态势，深入比较分析，以观察消长之情况，预测胜负之可能。"七计""五胜"都是先知之道。

孙子反对从战争行动中求知，他说："不知诸侯之谋者，不能豫交；不知山林险阻沮泽之形者，不能行军；不用乡导者，不能得地利；此三者不知一，非霸王之兵也。"（《九地》篇）也反对没有根据的迷信臆测，他说："先知者，不可取于鬼神，不可象于事，不可验于度，必取于人，知敌之情者也。"他所主张的是取之于人的理性的"知"，也是实事求是的"知"。

　　再进一步看，孙子之先知，不限于计算而已，凡天之表象，地之形体，将之能愚，法之良窳，皆在其知之范围之中。因此"阴阳、寒暑、时制"，"远近、险易、广狭、死生"，"智、信、仁、勇、严"，"曲制、官道、主用"（《始计》篇）都不仅是用作比较分析的项目，而且是军事知识的范畴。所以，孙子说："知彼知己，胜乃不殆；知天知地，胜乃可全。"（《地形》篇）"知彼"只是知敌之情，"知己"则除自己度德量力外，还要由军事知识中力求改进。"知天知地"是与战争中军事行动有关的天象地理知识，这些知识光了解是不够的，必须要能具体实践，才能天地得，法令行，兵众强，士卒练，赏罚明，而"胜乃可全"。故孙子之先知，实含有知而后行的意义，如果知只限于单纯的了解而没有加以改进，则这种知对于克敌制胜的帮助将是有限的。先知的目的在于知敌之可败，我之可胜，假如已知敌之可败，但是自己没有可胜的实力，这种"知"实无助于克敌，因此孙子之"先知"含有知而行之必胜，不知而行之必败的意义。他在《谋攻》篇中说："知己知彼，百战不殆；不知彼而知己，一胜一负；不知彼不知己，每战必败。"其所以能"百战不殆"，是因为能充分了解敌人的弱点，又能改进自己的缺点及发挥自己的优点；其所以"一胜一负"，是因为能改进自己的缺点及发挥自己的优点，但是不明敌人的弱点；至于"每战必败"，则是对敌人、对自己完全无所知，自然非失败不可了。战争需要军事知识，也需要预知敌情，更需要这两方面的"知"不断改进，孙子的先知原理正是寓行于知的真理。

三、先胜原理

战争能造成伤亡和损失，战争的面愈广，所造成伤害损失愈大；战争的时间愈长，所造成的伤害损失也愈严重，无论胜利的一方或战败的一方，都不会有任何好处，所以孙子说："兵贵胜，不贵久。"因为："久则钝兵挫锐，攻城则力屈，久暴师则国用不足。夫钝兵挫锐，屈力殚货，则诸侯乘其弊而起，虽有智者，不能善其后矣。"（《作战》篇）因此战争要求其速胜、易胜，用最少的代价，换取最大的战果。

但是，速战和易胜仍然要经过作战的过程，多少总有伤损，未免美中不足，所以孙子提出先胜的概念。他在《谋攻》篇中说："凡用兵之法，全国为上，破国次之；全军为上，破军次之；全旅为上，破旅次之；全卒为上，破卒次之；全伍为上，破伍次之。是故百战百胜，非善之善也，不战而屈人之兵，善之善者也。"所谓"全国""全军""全卒""全伍"就是不使国家或军队付出伤亡而获全胜。要想不伤分毫，唯用战斗以外的手段，此即"伐谋"与"伐交"。"伐谋"是运用策略，诱使敌人陷于犹疑不决的形势中，使敌人慑服于我们的压力；"伐交"是运用外交，分化敌人的阵营，联合自己的友邦，使敌人陷于孤立。伐谋与伐交都是"不战而屈人之兵"的先胜手段。

利用"谋""交"克敌制胜，固然甚为巧妙，但是"谋"与"交"并非无往不利的，一旦到无可避免的情况，也只有兵戎相见，真刀真枪地干一场，所以要部署用兵的先胜态势。孙子说："故用兵之法，无恃其不来，恃吾有以待之；无恃其不攻，恃吾有所不可攻也。"（《九变》篇）可见先胜之态势取决于万全之准备，有万全之准备则能步步占先，招招制敌。所以："昔之善战者，先为不可胜，以待敌之可胜，不可胜在己，可胜在敌。故善战者，能为不可胜，不能使敌之必可胜，故曰：胜可知而不可为。"（《军形》篇）在战争准备和战略部署上能先做到不败的境地，则敌人不能谋我，我则可以待机制敌。制敌也要有许多相关的条件配合，并不是说打就打，最重要的是等待敌人暴露其弱点，造成我军的可胜机会，如果没有这种可胜机会就轻举妄动，虽然得胜亦必付出相当的代价，这就是："胜可知而不可为。"

同时，当敌人暴露出可乘之机时，要毫不犹豫地把握时机，因为一切的先胜部署都是为了等待这个时机的到来。孙子说："故善战者，立于不败之地，而不失敌之败也，是故胜兵先胜而后求战，败兵先战而后求胜。"又说："故胜兵若以镒称铢，败兵若以铢称镒，胜者之战，若决积水于千仞之溪者，形也。"（《军形》篇）"形"是整体的形势，胜兵与败兵的分别，就是胜兵能掌握住先胜要领，作万全部署，就像把积水放到千仞之高处，一旦时机到来，决其积水，自然发挥无比的威力。所以战争之胜负，不仅取决于战时，尤其要注意先胜于战前。不战而屈人之兵的全胜，固然是先胜原理的最高境界，但是立不败之地的先胜部署，同样也可以达到速胜、易胜的要求，孙子的先胜原理的确是制敌机先胜的最佳途径。

四、主动原理

主动是以我为主宰的行动，主动含有全面控制和掌握的意义，在战争进行之中，以及战争的军事行动之前，谁能争取主动，谁就有操胜券的可能。孙子有一句话说："善战者，致人而不致于人。"（《虚实》篇）把主动的精义一语道破。所谓"致人"，就是依我的意思支配敌人，要敌人听我的；我所期待的，敌人即使万分不情愿，但在形势所迫之下，不得不照我期待的去行动；敌人所期待的，即使万分想要那样做，但受到我的种种牵制，无法如愿以偿。所谓"不致于人"，就是不受敌人支配，敌人无法影响我的行动，我要进则进，进的时候，敌人无法防御；我要退则退，退的时候，敌人也无法阻挠，完全进退自如。如果能做到"致人而不致于人"，就的确可说是用兵如神了。

孙子还进一步说："进而不可御者，冲其虚也；退而不可追者，速而不可及也。故我欲战，敌虽高垒深沟，不得不与我战者，攻其所必救也；我不欲战，虽画地而守之，敌不得与我战者，乖其所之也。"（《虚实》篇）正因为主动权在我，所以我能避实而击虚，找敌人不防备或防守最弱的地方下手，而且一旦得手之后，我可以迅速转移，敌人无法对我报复。况且，我掌握了主动，就可在我所选择的时间、地点发动攻势；或者在一定范围之内、预期的时间之中，采取守势，敌人虽想尽办法，也奈何不得。正如孙子所说："故善攻者，敌不知其所守；善守者，敌不知其所攻。微乎！微乎！至于无形。神乎！神乎！至于无声。故能为敌之司命。"（《虚实》篇）掌握主动必须做到"无形""无声"。所谓"无形"是敌人看不出我的行动，所谓"无声"是敌人猜不透我的企图，这是争取主动，掌握主动的必要条件。如果我的行动和企图均在敌人眼中，那我立刻就变成被动，敌人可以处处防我、制我。只有使敌人在我的鸟瞰之下，我才能发挥主动，声东而击西，避实而就虚，成为敌之"司命"（命运之主宰）。

在我占优势的时候，固然要处处主动打击敌人、消灭敌人，在劣势的情况下，更需要争取主动。孙子说："胜可为也，敌虽众，可使无斗。"我寡敌众，我弱敌强，原本是极为恶劣的情势。在此情况下，我如果能争取主动，则可以点制面，以少取多，先在各个决战点上以主动的方式取得优势，积小胜而为大胜，化局部的胜利为全面的胜利，所以主动实为转败为胜的契机。历史上许多以寡击众，以少胜多的战例，都是因为能够争取主动、掌握主动，才获得成功的。孙子说："古之善用兵者，能使敌人前后不相及，众寡不相恃，贵贱不相救，上下不相收，卒离而不集，兵合而不齐。"使敌人"不及""不恃""不救""不收""不集""不齐"，全赖主动，也唯有主动才能使战斗力发挥至极致，收克敌制胜之效。所以，主动实在是孙子最重要的战争原理。

第六章　孙子的战略原则

"战略"一词为近代之军事术语，古人称之为"略"，如《古兵经》之上、中、下"三略"，即为一例。所谓"战略"，为"建立力量，借以创造与运用有利状况之艺术，以便在争取同盟目标、国家目标、战争目标、战役目标或从事决战时，能获得最大之成功胜算与有利之效果"。因为近代学者对于"战略"一词的定义各有所见，以致各阶层的战略区分混淆不清，语义及解释存在差异，易造成不必要的混乱。

依上述定义，战略可区分为：

（一）大战略：建立并运用同盟力量，争取同盟目标者。

（二）国家战略：建立并运用国力，争取国家目标者。

（三）军事战略：建立并运用三军之军事力量，以争取军事目标者。

（四）战野战略：运用野战兵力，以争取战役目标，或从事决战，而支持军事战略者。

将"战略"区分为这些种类，虽然是现代化的军事概念，但是却可以帮助我们了解孙子的战略原则，而且自"大战略""国家战略""军事战略"至"野战战略"，各有其适用层次和对象。以这四种区分归纳孙子的战略原则，较易得到完整而有系统的印象。

一、大战略原则

"大战略"为建立并运用同盟力量，借以创造与运用有利状况，以便在争取目标时，能获得最大成功胜算与有利之效果。因此，大战略实在是一种国家集团之分合运用，国家与国家之间，或因政治利益之关联，或因地理形势之连锁，或因共同安全之威胁，或因某种利害之所系，结为集团，争取共同的目标。我国战国时代的"合纵""连横"可以作为例证。不过，这种集团的结合，往往以目标为着眼点，当共同目标存在时，国与国之间尚有维系的力量，一旦目标消失或者另一目标出现，集团之瓦解往往成为必然。所以在分合之间，如何以本国之利益为优先考虑，建立或运用同盟关系，即为施行"大战略"的目的所在。故此"大战略"实为国际形势之全盘考虑、设计、部署。

孙子在《谋攻》篇中说："上兵伐谋，其次伐交。"又在《军争》篇中说："不知诸侯之谋者，不能豫交。"这里所说的"谋"和"交"就是"大战略"的运用，即联合自己的友邦，拉拢中立的第三国，以分化敌人，造成全盘性的政治压力，使敌人陷于孤立无援的境地，即所谓"不越樽俎之间，折冲千里之外"。"伐谋""伐交"是先胜部署，无论在战时或平时，任何一个国家均应审慎考量，预为筹划。所以，"大战略"是一长期性的远程战略计划，如果平时没有考虑施行，一旦变生祸起，就缓不济急了。所以孙子又说："是故不争天下之交，不养天下之权，信己之私，威加于敌，故其城可拔，其国可隳（毁）。"（《九地》篇）这就是说明不谋求争取与国，以孤立敌国；不建立同盟力量，以削弱敌国力量；只企图以自己的兵威制敌，必有毁灭的可能。

另外孙子还说："是故智者之虑，必杂以利害，杂于利而务可信也，杂于害而患可解也。是故屈诸侯者以害，役诸侯者以业，趋诸侯者以利。"（《九变》篇）"大战略"之部署以各诸侯间之分合为着眼点，国与国之间，往往因利而合，因害而分；或因共害而合，因争利而分，所以总免不了考虑利害关系，趋利避害是设计"大战略"的主要着眼点。但是"大战略"是远程的计划，眼前的利益，在时过境迁之后，往往反成祸害；而眼前之祸害，在诸侯国间彼此关系改变后，又可能成为利之所在。因此，设计"大战略"时，必杂以利害，深谋远虑，才能算智者之虑。

孙子还提到："诸侯之地三属，先至而得天下之众者，为衢地。……衢地吾将固其结。"（《九地》篇）这是因地理位置之连锁，而发生同盟关系的情况，所谓"诸侯之地三属"，是指这一个地区与两个或两个以上的国家接壤，平时或可相安无事，一旦利害冲突，不论引起冲突的因素是否与我有关，均有将我牵涉在内的可能。因此，不但要使我与各诸侯国维持良好关系，而且要使接壤之各国勿起纷争。或者，此一地区为我所先得，接壤诸国或有所疑惧，或有意染指，因此必须妥为筹策，使各国不致与我为敌，这就是"固其结"的大战略部署。今日国际情势较之孙子之春秋时代，要深刻复杂千百倍，因此大战略之运用更应高瞻远瞩，远虑深谋。

二、国家战略原则

　　"国家战略"为建立及运用国力，借以创造与运用有利状况，以便在争取国家目标时，能获得最大之成功胜算及有利之效果。因此国家战略要在国家目标的统一策划之下，与"大战略"互相配合运用，"国家战略"通过外交手段即与"大战略"衔接，两者是互为表里的。不过"大战略"与"国家战略"是现代区分方法，古代并无如此精细之划分。

　　"国家战略"首重国家力量之建立，孙子在《始计》篇中所说"五事"中，"道""将""法"三者即为国力培养之重要原则。"道者，令民与上同意"，是制定共同的思想、目标，使政府与人民间同心协力；"将者，智、信、仁、勇、严"，是遴选具备武德的将校，或培养将校之武德，使之担负指挥作战之责任；"法者、曲制、官道、主用"是调整国家及军旅的制度，包括部队编装、人事组织、后勤支援等，使之能适应作战情况。另外，综合"五事""七计"的"庙算"，更是国家力量的整体评估。

　　"国家战略"的运用，包括政治、经济、军事、科技等，在政治方面，对外用"伐谋""伐交"，"致人而不致于人"；对内则"令文齐武""修道而保法""无恃其不来，恃吾有以待之；无恃其不攻，恃吾有所不可攻"。在经济方面，孙子没有具体地说明，但在有关文句中，可以体会出他对经济战略的重视。他说："国之贫于师者远输，远输则百姓贫，近于师者贵卖，贵卖则百姓财竭，财竭则急于兵役，力屈财殚，中原内虚于家。百姓之费，十去其七，公家之费，破车罢马，甲胄矢弩，戟楯蔽橹，丘牛大车，十去其六。"（《作战》篇）战时经济因运粮远输而困乏，"十去其七""十去其六"是损耗的约略估计，孙子对这种情况相当了解，因此他的解决之道是："善用兵者，役不再籍，粮不三载，取用于国，因粮于敌，故军食可足也。"（《作战》篇）又说："掠乡分众，廓地分利。"（《军争》篇）"掠于饶野，三军足食。"（《九地》篇）可见他在战时经济方面是主张以战养战，取敌之资以供己需。"粮不三载"是说国内对出征的军旅，最多只运补两次，以免国内粮食不足，一切全靠"因粮于敌"。孙子不赞成因远输而使国贫，但是孙子也说："军无辎重则亡，无粮食则亡，无委积则亡。"（《军争》篇）这些军旅之补给自不能全赖敌人地区的资源，必须靠国家战略阶层预先筹划，可见孙子对于经济方面也是很重视的。

　　孙子之国家战略原则，如先知、庙算、先胜、速胜、主动等，均已见于其战争原理之中，不再重复。不过孙子所提到的统帅权独立的问题，倒是可以纳入国家战略原则中讨论的。孙子说："军之所患于君者三：不知三军之不可以进，而谓之进；不知军之不可以退，而谓之退；是为縻军。不知三军之事，而同三军之政，则军士惑矣。不知三军之权，而同三军之任，则军士疑矣。三军既惑且疑，则诸侯之难至矣。是谓乱军引胜。"（《谋攻》篇）又说："将能而君不御者，胜。"古代交通不便，军旅远征在外，君主如为遥控，则不明情况而下令，影响战局至巨，统帅确有自行拟定战略战术之必要。不过就今日而言，军事战略应在国家战略层次之下，受国家战略之指导。这种情形不可解释成縻军或疑军，盖各层次之战略有其范围，不能混为一谈。

三、军事战略原则

"军事战略"为建立武力，借以创造与运用有利状况，以支持国家战略，以便在争取军事目标时，能获得最大之成功胜算与有利效果。孙子在《作战》篇中说："兵闻拙速，未睹巧之久也。"又说："兵贵胜，不贵久。"此即为迅速原则，迅速进击、迅速克敌。迅速的目的在节约时间，任何一个军事目标必然同为敌我双方所亟待争取的，谁能掌握迅速的原则，抢先一步，谁就能居有利的态势。故："善战者，其势险，其节短，势如张弩，节如机发。"（《兵势》篇）快如张弩机发，必然一发中的，敌人自防不胜防了。

但是，一味求其速，猛攻猛打，并不是上策。孙子说："善守者，藏于九地之下，善攻者，动于九天之上，故能自保而全胜也。""九地"喻其深，"九天"喻其高，攻的时候要像自天上俯瞰下面，明察秋毫，找弱点进击；守的时候要像深藏地底一样，使敌人找不出踪迹。这种自保全胜的原则，是军事战略所追求的目标。

孙子在《军形》篇中又说："兵法：一曰度，二曰量，三曰数，四曰称，五曰胜。地生度，度生量，量生数，数生称，称生胜。"这是策划军事战略的五个要诀，"度"是判断作战面及战线的大小长短，"量"是计划持续作战之能量，"数"是计算人力物力之数量，"称"是比较政治和战力的良窳，把以上四项合计起来，便是"胜"。在制定军事战略时，应先就军事目标（地）考虑战区战线，再由战区战线考虑持续能量，再由持续能量考虑投入人力物力的数量，再就双方之能量数量加以比较，即得出胜算。因此，"度""量""数""称""胜"五要诀，实为军事战略之作业程序，即使在现代战争中，此种作业程序仍有其价值。

孙子又说："凡治众如治寡，分数是也。斗众如斗寡，形名是也，三军之众，可使必受敌而无败者，奇正是也。""度""量""数"是计划，"分数""形名""奇正"是执行。良好的计划必须执行彻底，才能收效，所谓"分数"是指编制区分合理，指挥层次健全；"形名"是视号（形）和声号（名）等下达命令的系统确实无误；"奇正"是兵力部署运用得恰当。作战时，任何将帅总希望兵愈多愈好，投入的力量愈强大愈好，但是可用之兵，能发挥之战斗力只有这么多。"度""量""数"的要诀即精确评估能量、数量，然后投入战区。就像下棋落子一样，每一招都希望产生一定效果。因此，必须要有合理的编制、健全的指挥，才能执行任务，否则一切部署均将落空。

关于兵力之部署运用，孙子还说："兵之所加，如以碬投卵者，虚实是也……战势不过奇正，奇正之变，不可胜穷也，奇正相生，如循环之无端，孰能穷之？"（《兵势》篇）虚实是奇正之体，奇正是虚实之用，战场上可用之兵力是有限的，以有限之兵，用于广大空间，自必有其重点和弱点，我之重点和弱点所在，不能使敌测知，这是虚实；敌之重点和弱点我必侦知，然后以正合，以奇胜，避其实而击其虚，避其强而攻其弱，自然如石投卵，无往而不利了。

四、野战战略原则

"野战战略"为运用野战兵力，创造与运用有利状况，以支持军事战略，以便在争取战役目标或从事决战时，能获得最大之成功胜算与有利之效果。孙子兵法中对于野战战略讲得最多，占全书一半以上；野战战略之中，地形又讲得最多，几占一半左右，因此只能摘要列举。

孙子在《谋攻》篇中说："故用兵之法，十则围之，五则攻之，倍则分之，敌则能战之，少则能守之，不若则能避之，故小敌之坚，大敌之擒也。"这就是自数量上部署安排野战的兵力，针对敌我兵力多少，以决定"围""攻""分""战""守""避"。但是数量多少，只是因素之一，孙子也曾说："故形人而我无形，则我专而敌分，我专为一，敌分为十，是以十攻其一也，则我众而敌寡。能以众击寡者，则吾之所与战者，约矣。"（《虚实》篇）这就是野战战略上的集中与节约原则，我兵力虽寡，但是集中在一点上，就此一决战点而言，我众敌寡，能以大吃小，十攻其一。

此外，孙子在《九地》篇中说："兵之情主速，乘人之不及，由不虞之道，攻其所不戒也。"这是机动原则，《始计》篇中说："攻其无备，出其不意，此兵家之胜，不可先传也。"这是奇袭原则。机动是手段，奇袭是目的，为求达到奇袭之效果，常佐之以牵制的方式，像《兵势》篇中说："凡战者，以正合，以奇胜。"或者，采取间接路线，择抵抗力最小、期待性最少的作战路径运动，如《军争》篇中说："军争之难者，以迂为直，以患为利，故迂其途而诱之以利，后人发，先人至，此知迂直之计者也。"更可以采用欺敌手段与诱敌手段，如《虚实》篇中说："能使敌人自至者，利之也。能使敌人不得至者，害之也。"因此，机动与奇袭原则是野战战略中最重要的部分，一切牵制、迂回、欺敌、诱敌，最终皆在达成奇袭之目的。故本身能够维持高度的机动，则奇袭之胜算必相对提高；反之，若行动缓慢，失去时效，奇袭时机一失，一切手段必归无效。

同时，孙子还曾说："故知战之地，知战之日，则可千里而会战。不知战地，不知战日，则左不能救右，右不能救左，前不能救后，后不能救前，而况远者数十里，近者数里乎。"这是孙子对外线作战原则的提示。在预定的部署，一定的时间之内，由两个或两个以上的方向，向同一目标采取攻势，这非要具备高度的机动能力不可，否则分进而做不到合击，必遭敌人各个击破。因此，孙子在《九地》篇中也说："古之善用兵者，能使敌人前后不相及，众寡不相恃，贵贱不相救，上下不相收，卒离而不集，兵合而不齐。"这是以内线作战破外线作战的原则。内线作战的优点是战区狭、战线短，能迅速在敌人没有合击之时，使之隔离，然后各个击破。不过这并非意味内线作战必优于外线作战，事实上，"以迂为直""以正合，以奇胜"，也都可以算作外线作战的另一形态，只要能把握机动与奇袭，照样可以奏效。

在野战战略中，孙子最重地形，他认为："夫地形者，兵之助也。料敌制胜，计险厄远近，上将之道也。"又说："知吾卒之可以击，而不知地形之不可以战，胜之半也。"可见地形对战斗的胜负影响之巨。地形可辅助兵力之不足，亦可以使战斗力只能发挥一半，因此在制定野战战略时，地形是考虑的第一因素。孙子分别在《军争》《九变》《行军》《地形》《九地》各篇中，将"山、水、泽、陆""涧、井、牢、罗、陷、隙""道、挂、支、隘、险、远""散、轻、争、交、衢、重、圮、围、死"等二十五种地形分别详细说明，可见他对地形利用之重视程度。

附　录

一、古代的攻城器械

　　古代战争以人力为主，以戈、矛、剑、戟、刀、斧、钺、枪为近战；以弓、矢、弩、箭、石块等用于远射，以甲、胄、干、楯用以防身，以旗帜、铜锣、皮鼓、号角、响箭、烽烟作为指挥联络。大军决战于原野之上，双方各以步兵、骑兵、兵车冲杀，场面之惨烈是可以想象的。这种以血肉之躯，执武器相搏于原野的方式，训练精良、士气旺盛的一方，往往占了上风。毕竟刀来枪往是战技和勇气的拼斗，技高气盛者制技劣气弱者。但是，攻城之战就完全不同了，野战的武器，高超的战技，全派不上用场，敌人守住坚固的城池不出来，只有望城墙兴叹的份儿。如果挥军攻城，敌人居高临下，以逸待劳，先以弓箭石块，打得士卒抬不起头来；用梯绳爬上墙时，又受到敌人的火油、枪矛、钩叉的刺戮，没等上城就死伤一大半，勉强爬上城的，敌人可以两三个招呼一个，就在城头上尽数歼灭。所以攻城之惨烈，尤其攻击的一方，伤亡之巨大，可以想见。《孙子兵法》上有这么一段："攻城之法，为不得已，修橹轒辒，具器械，三月而后成，距堙，又三月而后已，将不胜其忿，而蚁附之，杀士卒三分之一，而城不拔者，此攻之灾也。"（《谋攻》篇）"蚁附"就是用梯绳爬上城墙，士卒吊在半空，没有自卫的能力，所以发动一次攻势，可能牺牲三分之一的兵力，因此攻城必须经过长期的准备，"修橹轒辒，具器械。"借各种攻城器械，抵御自城楼上射下的矢、箭、石块、火油等，或者打破墙、门，冲杀入城。因此古代攻城的行动，有多种器械相配合，这些器械源起何时，已经不可考据，但是自《孙子兵法》上所提到的"轒辒""距堙"来看，则春秋时代即已有相当多种类的攻城武器，以后逐渐研究改进。在火炮没有发明之前，这些器械颇具实用价值，自今日的眼光来看，也是一件很有意思的事。

古代攻城器械以各种类型的车辆最多，《武经总要》上即列有"头车""行炮车""轒辒车""木驴""木牛车""望楼车""杷车""飏尘车""填壕车""巢车""双钩车""搭车""饿鹘车""撞车"等，真是洋洋大观，各具妙用。

"头车"是一种大型车辆，身长一丈，阔七尺，前高七尺，后高八尺，车首有屏风笆，车上设防护板，外罩鹰翅笆以抵御矢石，人则躲在护笆之中，车首屏风开射孔，可以射弓矢。这种"头车"类似今日之装甲车，因为体积大，有蔽护屏障的作用，兵士随车之后前进攻城。此外，"头车"还可以用来挖地道，把车辆推到城墙边，人在车内挖地道。这种车辆的底盘是中空的，人可以在车中挖掘，一面挖掘，一面推进。另外，由人在后搭棚，往来运兵都是在棚中行进，墙上矢石无法射到，这是攻城的最重要器械。

"轒辒车"和"木驴"，都是一种内藏兵士的推车，上面覆盖皮幔，车厢内容纳十人或七八人。"木驴"是尖顶，所以叫尖顶木驴；"轒辒"

车身较宽，容纳的人数可能也多些，古代有辀辒可容数十人的记载，其体积可说是相当大的。

"木牛车"则像一张长桌，下面架上横柱、车轮，人则在木板之下，一面推车，一面进迫城下。

"望楼车"是竖一个坚木长竿于平车之上，高约四十五尺，下粗上细，上面含一个木造小望楼，用长索固定吊竿及望楼，在适当的位置观测城中一举一动，这是瞭望及侦察用的，也可用于指挥、联络。

"杷车"和"双钩车""行天桥""云梯"相似，都是在平台车上搭起楼梯，以便攀登城墙，"杷车"是单梯六轮，"双钩车"则是复梯四轮，梯之顶端有双钩，以便钩住墙头；"天桥"和"云梯"都是巨大的推车，是攻城最常用的器械。

"飏尘车"则是一种助攻武器，四轮平台上，立两支柱，以绞盘高挂一个铁盘或铁锅，里面放沙土或烟火；推近城边时，放松绞盘，使沙土烟火飞扬，守城之敌视线迷蒙，士卒即乘机由云梯或其他工具登城。

"填壕车"是一种跨越城壕的推车，即平台车上设一面可以支起放下的木板，人在车上以木板防护，推到城壕边上时，放下木板，就成一种便桥，士卒可以一拥渡壕。另外还有一种"壕桥"，其形式大体与"填壕车"相近似，只是没有防护板而已。

"巢车"近似"望楼车"，但是"巢车"的体积大，其结构与"飏尘车"相同，用一个辘轳高吊起木屋，内可容纳三四人；推近城边，以弓矢射城上敌人，用以掩护士卒前进，也是辅助攻城的器械。

"搭车""饿鹘车""撞车"都是攻击性武器，前二者用以攻击城垛上的敌人，或破坏城上的防御设施。至于"撞车"则是专为撞破城门之用，以相当数量之士卒，合力用巨木顶撞，这大概是最古老的攻城工具。

除了从地面进攻，还可以由地道攻城。古人用兵，常以地道的方式为之，因为这样可以减少伤亡，士卒的安全较有保障。挖地道的方法是，先观测地形，取土质松软之处，先挖一个入口，标定方向后，不断向前挖掘，一面用木架排搭绪棚，以支持撑住，防止泥土塌陷。能在敌人不发觉的情况下进入墙内固然最好，如不能入城，则挖至城边，然后以火药引爆，炸塌城墙。清代曾国荃攻陷南京城时，即采用此法。不过大规模或长距离地挖掘地道，非常耗时费力，而且城的四周皆有护城河的话，就难以奏效，往往以"壕桥""头车"等。先渡护城河，然后再在"头车"之中，借搭棚掩护，才能在城墙边挖地道，不过那样的效果恐怕不会很好。

除了由正面强攻，利用水、火攻城，也是方式之一。火攻中最常用的是烟火熏敌，即堆积湿材干草，测风向引火，浓烟飘向守城敌人，然后乘机攀登。水攻则需要先察地形，看有没有可资利用的河川或水道，还要测知水平高下，水道流速，配合天气变化，并非每次攻城都能利用上的。《武经总要》上载有测水平之器，是用一木槽，长二尺四寸，两头及中间凿为三个池，池横阔一寸八分，纵阔一寸三分，池与池之间相去一尺五寸，中间互有通水渠，渠阔二分，深一寸三分，三池上各放浮木，厚三分，木上立齿，高八分，阔一寸七分，厚一分。用水注入三池中，浮木在水上，三个浮木的木齿平齐，即为水平。另外以"照板""渡竿"，计其丈尺分寸。"照板"形如方扇，长四尺，下二尺黑，上二尺白，阔三尺，柄长一尺。渡竿长一丈二尺，刻度为二百寸，每寸内水刻其分，计二千分，然后眯起眼从照板中视水平上三浮木齿；度量竿上尺寸为高下，即可测知水之高下深浅。这大概是古老的测量仪器，不但能测水，其他的用处也很多。

总而言之，在火药尚未发明之前，攻城全仗人力，器械的使用，也靠人力推动，所以攻城实在是需要付出可观的代价。火药发明后，形势渐渐改变，枪炮日益改进，城池完全失去防护功能，古老的攻城器械也只有在史籍中看到形貌。不过现代战争之惨烈，恐千百倍于往昔，这一点恐怕不是古人所能想象到的了。

二、古代的守城器械

守与攻是相对的，守城也和攻城一样，有其器械工具。攻城器械是以打破城墙，或者度越城墙为设计，守城器械则以歼灭攻城之敌，保卫城池为着眼点。不过器械虽利，但是城墙不固，也是无用，因此古人对城廓之规划，非常注意，有"三宜八忌"之说。"三宜"是：宜高、宜坚、宜厚，"高"以四丈为宜，三丈五为可，至少亦必三丈，不足三丈，则不可守；"坚"以墙之质地论之，一为石，二为砖，三为土，如土质松软，则不可守；"厚"以城基为准，城基深则城身可厚，城基应深入地下一丈，城的底部厚度以六丈为宜，墙头厚以二丈五尺为宜，至少底部要厚四丈，墙头厚一丈五尺，如少于这个标准，则不可守。

"八忌"是：第一，源高于城，可灌而沉；第二，山高于城，可俯而瞰；第三，流泉不供，可坐而困；第四，城大人少，可乘其疏；第五，人众粮少，可待其溃；第六，蓄货外积，可困其资；第七，军旅单弱，可夺其气；第八，豪强梗命，可破其城。"八忌"之中，前三项是地理地形水源的预先选择，在设计造城时就应先考虑到，以后的五项则均为人为因素，是守城的将帅应该先考虑的问题。

另外对于护城的壕沟，也很有讲究。壕沟宜深、宜广，深以三丈为度，广以十丈为度，不过壕沟环绕城的四周，深浅并不一致，应在浅的地方暗做标志，以备城内士兵可以暗中渡水偷袭。同时，在近浅水处的城墙，要设置暗门，以备偷袭的军队出入，而且在壕沟水底设暗桩，立铁刺、竹木刺等，以阻止敌人泳渡。

此外，为了防止敌人接近，在城池之外，四周的树木、草丛应予清除。如果不能清除的话，则应遍布陷阱，设绊马索、陷马坑、刺竹、尖木桩、鹿角木、铁蒺藜、地澁（钉板）等埋伏。

城上设"台""垛""突门""悬眼"。所谓"突门"是一种城台上的窄门，门口设陷坑，敌人上得城头，一冲入内，即落入陷坑。"悬眼"则是在城头上凸出之处，设置往下方的射口。当敌人冲到城脚时，守城之人虽居高临下，但是如果把身子往外伸出才能攻击城脚下的敌人，仍是很危险的事。因此在城头上，设计一块凸出墙外的部分，并且开射孔，既可俯视敌人，亦可自射孔中发射矢石，攻击敌人。因为它凸悬向外伸出，所以叫"悬眼"。

城上还在每一垛口设弓弩，或者弹石之器，利用杠杆原理把石块射出去，这种弹石器多名之为炮，如"单梢炮""双梢炮"等，基本构造都是一个木架，一支长杆，一端是皮窝，装好石块，另一端是绳索，以长杆架在木架上，用人力拉扯弹射出去。

另外，在墙上还设有"木檑"，是以长四尺、径五寸之圆木，上面装满狼牙钉，锋利尖锐，自墙上抛下，攻击爬城之敌人。"夜叉檑"则是用巨木制成，有铁索穿住，攻击敌人后，还可以收回。"泥檑”则是用泥土调入猪鬃、马尾巴，长二三尺，径五寸，可重三十斤，自墙上抛下，与“木檑”有相同效果。"砖檑"则是烧砖之法制成，比"泥檑"略大。"车脚檑"则是以绳系独轮，自城上抛下后可以收回。

墙上还备有"火球""火油""油罐"等油脂器具。准备好大铁锅，里面满盛滚油，称"火油"，用罐满盛滚油，引燃后投下，称"油罐"，甚至有时在敌人太多、爬满整个城墙时，把整锅热油倾下。这种方式是不得已之法，非十分危险，不轻易使用，倒不是慈悲为怀，而是一锅滚油倒光后，敌人再攻上来，便无油可用了。

防守者可以抛"火球"，倒"火油"，投"火油罐"，攻城者同样也可以用"火箭""火球""火罐"，甚至在城脚积木材干草放火，因此城上必须备有"沙包""水囊""水袋""麻搭""唧筒"等。"水囊""水袋"是以皮革制成，内储清水，以备救火；如火带油的话，即用麻袋沙包熄火；"麻搭"是一个八尺长杆，用散麻蘸泥浆，打扑火势；"唧筒"则用长竹，下开窍，自水桶中吸水喷洒救火。

另外，还要准备"木女头"和"木女墙"，以防敌人用石块击塌"城台""城垛"，或击塌城之一角。"木女墙"较大，原为攻城武器，用之守城亦无不可；"木女头"则专为守城而设计，用厚木为板，高六尺，阔五尺，放在墙头上机动运用。

此外，在城内要道及城门附近，要设置"距马枪""塞门刀车"，敌人在攻破城门时，可以暂时塞住，甚至在进行巷战的时候，亦可以派上用场。

《武经总要》上有关于守城应注意之事项："若寇贼将至，城外五百步内，悉伐木断桥，焚弃宿草，拆屋埋井，有水泉皆投毒药，水石砖瓦，茭刍粮粮，畜牧与居民什器尽徙入城内，徙不逮者焚之。"这是战前准备，把城池四周的草木肃清，以免隐藏敌人。把水源破坏。一切可资敌人利用的东西，包括石、砖、瓦片在内，都搬进城，搬不走的破坏掉，以免敌人利用。

然后，"主将阅视守御器械，各令牢具，又预穿井无数，唯无近城。又备粮、布帛、刍草、芦苇、茅荻、石灰、沙土、铁、炭、松桦、蒿艾、膏油、麻皮毡、荆刺、篦篱、釜镬、盆瓮、桶罐、木、石、砖、竹、锹镢、斧、椎、凿、梯索之类；凡委积及橹棚扇门栈，但火攻可及之处，悉皆毡覆泥涂。棚楼下随处积檑木、檑石、枪斧及其他短兵，外立弩车炮架。棚楼女墙上加篦篱竹笆，城中立望楼"。可见守城所需物资之多，举凡一切可以利用的东西都派上用场，连石块泥沙也不能放过，这些都是最原始的武器。

守城固然以逸待劳，但是如敌人兵强势大，又无外援前来解救，遭敌人长期围困，必然是十分艰苦的。如果食物和水源再有问题，则更是悲惨，张巡之死守睢阳便是一个例子。不过，坚固的城池、严密的城防部署、充足的准备，再加上与城共存亡的决心，确实可以发挥极大的威力。如南宋时，余玠固守合州钓鱼城，蒙古军几次无法攻破，元宪宗蒙哥也战死在钓鱼城下。一座孤城能在蒙古大军几个月的包围下屹立不摇，确是一个奇迹；蒙哥战死城下虽是想不到的意外，但是余玠之防守战术，必然是极为高明的。这一战役，不但使南宋延长二十年寿命，而且蒙古军征服中原的行动，也暂告停顿，影响之大可以想见，亦由此可见守城战术之重要。

三、古代的火攻器械

《孙子兵法》有《火攻》一篇，专论以火佐攻的方法，这大概是历代讲武论战中最早提出的火战理论。不过孙子虽然提出火攻五法："火人""火积""火辎""火车""火队"，但是均只就原则上说明火的利用，至于用何种方法引火，以及用何种器械把火变成攻击性武器，则并未言及。在孙子之前的战史中，也找不到有关记录。公元前506年，吴伐楚入郢之役，楚国大败，楚昭王逃出郢都时，因吴追兵紧逼，乃放出宫中象群，以火烧象尾，纵之向吴国追兵奔去。吴兵阵势大乱，楚昭王乘乱脱逃。《左传》上说："王（楚昭王）使执燧象以奔吴师。"这是历史上第一次出现的运用火兽为攻击武器。楚昭王运用"火象阵"逃脱的经验，对二百多年后的田单有无影响，这是难以考证的，但田单运用"火牛阵"，成功地击败燕军，可以证明这种武器的威力。在火药尚未发明之前，作战全仗人力、兽力，因此火攻器械也不出人兽力量的运用范围，除"火象""火牛"，《武经总要》上还记载了"火禽""雀杏""火兽"等。

"火禽"是先捕敌境野鸡，然后用剖开的胡桃，填入艾草，引燃后悬于野鸡颈下，纵放飞入敌人营区内。"雀杏"是先捕捉麻雀，再把杏子挖空，装填艾草，引燃后，系于麻雀足上，飞入敌阵，道理与"火禽"一样。"火兽"是捕捉野猪、獐鹿之类，把葫芦瓢剖开后，塞满艾草，系在项颈上，纵放奔走入敌人阵营。不过就现代眼光来看，"火禽""雀杏""火兽"等，是异想天开之举，像野鸡、麻雀、野猪、獐鹿之类，捕之不易，大量捕捉更是困难，即使捉到后用于火攻，也是一厢情愿的事。在飞禽走兽上引火，其结果必然是横冲直撞，毫无目标方向可言，飞奔入敌人阵地，固然甚妙；若是在自己阵营里乱搅一通，则后果堪忧。东汉时昆阳之战，王莽军驱虎、豹、犀、象之类猛兽助威，适天降大雷雨，这些兽群受惊之余，反窜奔逃，弄得王莽军阵势大乱，一败涂地。可见用禽兽火攻，毕竟是不可靠的，"火象""火牛"的先例，多少有些幸运的成分。

古代火攻器械最常见的是火箭、火钩、火镰、火叉、铁锚等武器。

"火箭"是在箭头上绑住易燃的艾草，引发火苗后，以强弓射入敌阵，宜于远距离火攻。"火钩""火镰""火叉"名称虽异，作用大体相同，都是挑起薪草松柴之类，堆积燃火。"铁锚"则是用长铁索系一个三须钩，用以钩起火团，甩入敌人阵地，这几种适用于近距离，多用于攻城。

除此之外，还有"火车""火船"。"火车"是用一辆两轮车，车上放一个炭火炉，炉上置铁镬一口，装满油脂，炉中火烧得油脂滚热，在炉的四周堆满薪材等易燃之物，推到敌人阵地前，翻倒引燃，沸油烈火，具有相当大的杀伤力量，通常拿来作为攻城的武器。"火船"则是用于水战的武器，用小艇或木筏，装载大量干材薪刍，直奔敌人船队。三国时吴、蜀联军火烧赤壁，就是成功的战例。

除了用火，由火引起的浓烟也是一种攻击武器。像"引火球""蒺藜火球"不但能引燃火势，制造浓烟，而且有杀伤力量。"火球"是以纸为球，内塞石屑，外涂黄蜡、沥青、炭末等混合的泥状物，穿以麻绳，可以用手丢入敌阵，类似今日之手榴弹，或用一种利用杠杆原理的"梢炮"射入敌阵。"梢炮"有"单梢""双梢""五梢""七梢"之分，是以一次射出"火球"之数目而定。"梢炮"有四个脚柱，支撑一个横轴，横轴中插入一支长梢，一端系着拉索，一端系着皮窝，把"火球"放入皮窝，引燃后，由人力拉索弹射出去。"梢炮"本来是投石用的，小型"梢炮"，用四十人拽，一人定放，可射二斤重石块于五十步外。大型"梢炮"需百人拉拽，放八十步外。至于"七梢炮"一次发七枚石块于五十步外，则需二百五十人拉拽。

"火球"不但能引火生烟，而且在专门配制调剂之下，还可以产生毒气的功效。《洴澼千金方》上有毒火歌："黑砒先捣巴霜浸，毒气冲人呕见心，干漆晒干干粪炒，松香艾肭更均停，雄黄一味为君主，透彻光明用一斤，石黄诸味各四两，四六火药配分明，装入炮中攻打去，破敌冲锋更杀人。""火球"发展成为"炮弹""烧夷弹""毒气弹"是火药发明以后的事，在杀伤力上自然较之原始的"火球"厉害多了。

《洴澼千金方》上还载有喷火筒，这大概是古代的火焰喷射器。计有"毒龙喷火神筒""满天喷筒""追敌竹发喷筒"，大抵都是用茅竹筒，内填硝磺、砒霜、巴豆、烟煤、石灰等，混以黄泥塞口，用胶皮箍其外，引燃后喷出火花，用以作守城之武器。在敌人攀登城墙时，将喷筒系于长枪上，乘风发火，烟焰扑人，可能有相当的效果。

下篇

第一章　决胜于庙堂之上——《始计》篇

一、原文

　　孙子曰：兵者，国之大事，死生之地，存亡之道，不可不察也。

　　故经①之以五事，校②之以计，而索其情，一曰道，二曰天，三曰地，四曰将，五曰法。

　　道者，令民与上同意，可与之死，可与之生，而不畏危也。天者，阴阳③、寒暑④、时制⑤也。地者，远近、险易、广狭、死生⑥也。将者，智、信、仁、勇、严也。法者，曲制⑦、官道⑧、主用⑨也。凡此五者，将莫不闻，知之者胜，不知者不胜。

　　故校之以计，而索其情。曰：主孰有道？将孰有能？天地孰得？法令孰行？兵众孰强？士卒孰练？赏罚孰明？吾以此知胜负矣。将听吾计⑩，用之必胜，留之；将不听吾计，用之必败，去之。

　　计利以听⑪，乃为之势，以佐其外，势者，因利而制权⑫也。

　　兵者，诡道⑬也。故能而示之不能，用而示之不用⑭，近而示之远，远而示之近⑮。利而诱之⑯，乱而取之⑰，实而备之⑱，强而避之⑲，怒而挠之⑳，卑而骄之㉑，佚而劳之㉒，亲而离之㉓，攻其无备，出其不意，此兵家之胜，不可先传㉔也。

夫未战而庙算㉕胜者，得算㉖多也；未战而庙算不胜者，得算少也；多算胜少算不胜，而况于无算乎？吾以此观之，胜负见矣。

二、注解

① 经：量度，这里是分析研究的意思。

② 校：比较。

③ 阴阳：指天象变化（一说为昼夜）。

④ 寒暑：指气候冷热变化。

⑤ 时制：因时制宜，指对季节气候之适应。

⑥ 死生：指"死地""生地"而言。可以进退自如的地形，是"生地"；只能前进，后退无路，或者进退两难的地形叫"死地"。

⑦ 曲制：军队之组织编制。

⑧ 官道：设官分职之道，即人事制度。

⑨ 主用："主"是掌管，"用"是度用，即军需后勤之掌理运用。

⑩ 将听吾计："将"有两种解释：一是指"将帅""主将"而言；一是当作助动词，读平声（jiāng），是"如果"的意思。

⑪ 计利以听：计算比较之结果于我方有利，且为君主所听用采纳。

⑫ 因利而制权：依据利害而采用的权宜之计。

⑬ 诡道：曹操注，"以诡诈为道"，即斗智以求胜。

⑭ 能而示之不能，用而示之不用：有能故示无能，欲用兵故

示不用兵。

⑮ 近而示之远，远而示之近：欲攻近处，故示欲攻远处；欲攻远处，故示欲攻近处。

⑯ 利而诱之：以小利诱敌。

⑰ 乱而取之：扰乱敌国内部，乘乱而取之。

⑱ 实而备之：敌人充实无弱点时，全力戒备之。

⑲ 强而避之：敌强我弱，宜暂避其锋。

⑳ 怒而挠之："挠"，挑逗。对于易怒之敌将，以挑逗的方法激怒之。

㉑ 卑而骄之：故示卑弱以长敌之骄恣。

㉒ 佚而劳之："佚"通"逸"，安逸之意。敌习于安逸，则烦扰之，使其疲于奔命。

㉓ 亲而离之：敌亲密团结则离间之。

㉔ 先传：事先传授。

㉕ 庙算：古代兴师作战，必先在宗庙告祭；计议兵戎大事亦聚会宗庙。

㉖ 得算："算"指计算，原为计数用的竹筹，得算多，即取胜之条件多或胜算大。

三、白话

孙子说，战争是国家的大事，关系人民的生死，也关系国家的存亡，不能不详加体察。

所以要自五方面来比较、计算各项细节，以求得其事实，这五方面是：治道、天时、地理、将领、法制。所谓治道，是使人民与其政府之间，具备共同的信念，能在此信念之下，共生共死，而不畏惧任何危险；所谓天时，是指天象变化气候变化、及各种因时制宜之法；所谓地理，是指道路的远近、地形的险要或平坦、地势的开阔或狭隘以及易于逃生的地形或不易逃生的地形；所谓将领，是指为将者必须具备才智、威信、仁爱、英勇、严肃等素养；所谓法制，是指部队编制、人事制度、军需补给等。这五方面的事情，作将帅的都不可不知，能深切了解的便能打胜仗，不了解的便无法取胜。

所以，要从各方面来比较计算，探索敌我之态势，然后自问：谁的政府施政合于道？谁的将帅具有才能？谁得到天时与地利？谁的法制命令能够贯彻？谁的军旅较为强大？谁的兵士训练精良？谁的赏罚公正严明？从这些比较之中，便可知道胜败了。

如果君主能听从我的计算，采纳我的计划，用兵必能打胜仗，我愿意留下来相助；如果不能听从我的计划，用兵必败，我不如早点离开。在比较敌我情势之后，认为对我有利，而且为君主所采纳，再安排各种有利于战争之策略，以辅佐作战之成功，这些策略，就是依据利害而制订的机变方法。战争是斗智手段的运用，所以有能力，故意显示没有能力；要用兵，故意显示不用兵；欲攻近处，故意摆出远攻姿态；欲攻远处，故意摆出近攻姿态；或以小利引诱敌人；或在敌人内部制造混乱，再乘乱夺取；当敌人充实无弱点时，全力戒备之；当敌人实力强大时，暂时退避；或者故意挑逗敌人使其发怒；或者故示卑弱使敌人松懈；当敌人习于安逸时，设法使其疲于奔命；当敌人内部团结时，设法离间分化。总之，乘着敌人不注意的时候，攻打敌人不防备的地方，这是用兵制胜的秘诀，无法在事先一一传授。

在战争未发生前，先在宗庙里计算比较敌我双方的优劣。计算的结果，如我方优势条件多，取胜的机会便大；如果我方所占优势少，则得胜机会亦较少。多做比较计算，对敌我情势就越有把握；少做比较计算，就没有把握。何况毫无计算比较呢？从这个观点来看，胜败早已可知了。

四、概说

（一）庙算

《始计》是《孙子兵法》第一篇，古本兵法原没有"始"字，只称《计》篇，后来做注解的人，或是因为这一篇是十三篇之首；或因为每篇都用两个字题名，求其对称起见，才加上"始"字。

"计"的意思很广泛，在这里至少有三个含义：一是计划、计谋，二是计算、比较，三是预计、分析。在作战之前，必须详细计算敌我双方的优劣条件，研判各种国内国外有关势态，然后才能预测胜败，这就是"决胜于庙堂之上"，也就是孙子所说的"庙算"。"庙"是指宗庙、祖庙而言，古代凡兴师出征，均集于庙堂之上，以示郑重与机密，故"庙算"等于今日之最高决策会议，以决定要不要作战，能不能作战，以及如何去作战。故"庙算"亦可说是今日之国防计划（大战略）。计划之制定，以"五事""七计"为条件，如我方之优势条件多，则胜算必多；优势条件少，则胜算必少，如毫不计算，糊里糊涂就出兵作战，则必然失败无疑。因此，必须密切注意敌我之间的情势发展，不断修订自己的国防计划，才能立于不败之地。

同时，计算必须客观公正，审慎周详，而且要多方考量，巨细不遗，否则预测错误，导致丧师亡国之祸，造成人民生命及财产之重大损失。所以孙子在本篇第一句话就说"兵者，国之大事，死生之地，存亡之道，不可不察也。""兵"字在古代，涵义很多，如兵士、兵器、兵将、兵法、兵事等，这里的意思系指"兵事"而言，用现代语词来解释，就是指"战争"。战争之成败关系国家之生死存亡，自不能不详加体察。体察之道就是道、天、地、将、法五事，以及主孰有道、将孰有能、天地孰得、法令孰行、兵众孰强、士卒孰练、赏罚孰明等七计。

（二）五事

"道"是什么？依孙子的解释是："令民与上同意，可与之生，可与之死，而不畏危也。"这里所应注意的是"同意"二字。所谓"同意"就是民（人民）与上（政府）之间，有共同的思想、目标，能够"同进趋、齐爱憎、一利害"，要做到这样，则政府必须亲民、爱民。《荀子·议兵》篇上说："兵要，在乎善附民而已。"《淮南子·兵略训》："兵之胜败，本在于政。"可见中国古代政治家均以政治之良窳为作战用兵之基础，因此，这个"道"含有政治修明之意。政治不修，穷兵黩武，人民对政府之所作所为自不能"同意"。故政治实为战争之根本，唯有全民竭诚拥护的政府，才能无惧战争的危险，为实现共同的目标而战斗。

所谓"天"，在古代为泛指自然现象之词，如天象、天文、天时、天候、天灾、方位等，这些都是作战时必须考虑的条件。古代的人多迷信，因此对兵戎之事多讲求阴阳五行之道。《左传》中记载的战役，多有卜者或巫师随军旅而行。作战之前，往往要先由卜者问其吉凶。不过孙子并不讲求阴阳五行之道，他在《九地》篇中说："禁祥去疑"，《用间》篇中说："先知者不可取于鬼神"，这都可以证明他不是迷信的人。这里说的"阴阳、寒暑、时制"，主要也是指天候气象之变化而言，没有迷信的色彩。

所谓"地"，就是指安营决战之地，再进一步说，也是主帅对于有利的地理形势及空间条件之运用。孙子对地形之利用特别重视，在《九变》《行军》《地形》《九地》各篇中，反复说明一般地形以及战术及战略地形之利用要领。明朝何守法注解这一段时说："迂远则宜缓，切近则宜速，艰险则宜步，平易则宜骑，宽广则宜众，窄狭则宜寡，进退不得之死则宜战，可以出入之生则宜守。"可说是相当有见地。

所谓"将"，是指主将、统帅、将领而言。在战场上，将帅身负指挥全局的重任，同时也是军旅团结之中心，其才能之高下，影响战局之成败甚大，因此将帅本身的素养极为重要。将帅非人人可为，须具备"智""信""仁""勇""严"五项条件，才算是合格的将才。"智"，是慎谋不惑，料事应机；"信"，是赏罚分明，号令不爽；"仁"，是爱民无私，成仁取义；"勇"，是临危不惧，果决无敌；"严"，是以身作则，严肃有威。这五项条件并不算苛求，但是要具备于一身，却不是容易的事，因为长于智者，往往短于勇；长于勇者，往往短于仁；长于仁者，往往短于严。若只是有长处有短处，倒不致引起大害，最怕的是有所偏颇。明朝何守法说："盖专任智则贼，固守信则愚，唯施仁则懦，纯恃勇则暴，一予严则残。"这里说的贼、愚、懦、暴、残五项，正好是智、信、仁、勇、严的反面。为将帅者，如走上偏颇之路，轻则身败名裂，重则丧师辱国。

所谓"法"，就是制度化。军事行动讲求的是效率，要求快速、灵活，才能收如臂使指之效，这必须在平时就建立良好制度，战时方能发挥力量。所以部队的编组合理，人事制度上轨道，财务及军需补给健全，是获胜克敌的一大保障。

（三）七计

七计：主孰有道、将孰有能、天地孰得、法令孰行、兵众孰强、士卒孰练、赏罚孰明，是知己知彼的功夫，也是对敌我情势的综合判断。这包括政治、指挥统御、气象、地形、士气及纪律、训练及战力等比较。

"主孰有道"是在政治方面做比较，看看哪一方面的领导者得民心，有号召力量，为人民所拥护。例如，韩信批评项羽"匹夫之勇，妇人之仁，名虽为霸，实失天下人心"，而认为汉高祖入关后秋毫无犯，除秦苛法，深得秦民之爱戴，就是以双方的政治措施作比较。

"将孰有能"是对双方将帅之指挥统御能力方面作比较。蜀汉时，昭烈帝（刘备）伐吴，连营七百余里，有间谍将刘备之兵力配置报告魏国，魏主曹丕对群臣说："备不晓兵，岂有七百里营，可以拒敌乎！"七日之后，刘备果然大败于东吴陆逊之手。

"天地孰得"是指利用气候变化作掩护，或利用地形优势克制敌人。唐朝时，李愬（sù）乘大风雪之夜，一举攻下蔡州，是善于利用天时；诸葛亮赤壁破曹操，是占了南人擅水战的地利，这都是对气象地形的判断。

"法令孰行""赏罚孰明"则是对士气纪律的判断。齐景公时，以司马穰苴（ráng jū）为将，抵御燕晋之师，而派庄贾监军。穰苴与庄贾约定日中会于军门，结果庄贾全不放在心中，至夕方至。穰苴以其误失戎时，按军律斩之，于是三军振肃，争先赴战，击退晋燕之师。可见法令之彻底执行，赏罚之公正严明，与士气纪律有直接关系。

"兵众孰强""士卒孰练"则是对战力及训练的判断。兵贵精不贵众。乌合之众，虽多亦无用，兵之精锐强悍，全仗平素之训练，所以练步法使之整齐，练战技使之精熟，练耳目使之不惊，练心志使之不乱，练胆气使之不惧。明代戚继光练兵，常令士卒立于大雨中数小时，不动如山岳，所以百战百胜，号称"戚家军"。战力之强弱，与平时训练有密切关系。

（四）十二诡道

孙子说："兵者，诡道也。"对用兵之奥妙一语道破。战阵用兵虽本乎仁义，然克敌制胜则无不依靠斗智斗力。但诡诈计谋并非制胜之唯一要素，为将帅者更不可一味好用诈术，所以孙子先强调"道""天""地""将""法"五事，然后才谈"诡道"；"五事"是恒久不变的原则，"诡道"是针对一时一地的特殊情况而变应的手段，这一点只要看孙子说"计利以听，乃为之势，以佐其外"便可以知道其主从本末。如果用兵全以诡谋为主，焉知我能谋人，人不能谋我？必然会陷于危险境地了。作战断不能置"诡道"不顾，亦不能全依"诡道"，这是孙子强调的原则。

孙子列举的"诡道"计十二项："能而示之不能""用而示之不用""近而示之远""远而示之近""利而诱之""乱而取之""实而备之""强而避之""怒而挠之""卑而骄之""佚而劳之""亲而离之"，都是欺敌、乘敌的方法，历史上这种例子很多。

例如，汉高祖时，陈豨（xī）造反，和匈奴联合进犯。高祖派人去侦察，都说敌人很弱，一击便败，只有刘敬不以为然，认为其中有诈，但是高祖不听劝阻，一味深入，结果被困白登，几乎送命。又如：春秋时，郑武公欲伐胡人，先以女嫁之，表示友好，再向群臣问道："用兵征伐，当以何国为宜？"有人表示应伐胡人，武公不但不采纳，反而斩倡言伐胡者。胡人知道后，认为郑国亲善，不再防备，孰料郑武公准备完成后，一举灭胡，这便是"能而示之不能，用而示之不用"。

又如，第二次世界大战时，盟军计划在英国对岸诺曼底登陆，却连续不断在比利时、荷兰一带侦察，一切情报都显示盟军将在北部发动大规模攻势。于是吸引德军增防北部海岸，反使诺曼底一带防御薄弱，于是盟军便乘虚而入，完成史无前例的大登陆。这便是："近而示之远，远而示之近"。

又如，汉献帝时，曹操战袁绍大将文丑，下令辎重在前，部卒在后，诸将都说："辎重在前，必会被敌人抢去。"曹操笑而不言。两军一接触，文丑军果然抢掠辎重，曹操不仅不加抵挡，反而令士卒纵放马匹，文丑军抢辎重又去抢马匹，以致阵法大乱，曹操乘机进攻，打了一个大胜仗。这便是："利而诱之，乱而取之"。

又如，三国时，蜀昭烈帝（刘备）大举攻吴。吴以陆逊为主将，坚壁不出。蜀人不断辱骂，诸将不能忍耐，纷纷要求作战，陆逊一概不准。相持数月后，终于用火攻一举击败刘备。这就是："实而备之，强而避之"。在敌人的力量强大，又没有弱点时，先避其锋芒，等待机会，一旦发现弱点，立刻集中全力，一举歼灭。

又如，三国时，诸葛亮伐魏，司马懿只是坚守不战，诸葛亮乃送妇人之衣冠羞辱之，用意在指责其怯懦。但是，司马懿不为所动，诸葛亮也只有无功而退，这便是"怒而挠之"。至于越王勾践兵败之后，臣服夫差，处处卑躬屈膝，生聚教养，使夫差日益骄纵，终于一举复国，雪耻复仇，这便是"卑而骄之"。

又如，明朝时，沈希仪在柳州剿匪，贼来则守，贼去则追，而且军旅行动保持机密，有时故意布置疑阵，声东击西，使贼人日夜不得休息，更派人至贼巢附近放火发炮扰乱，使贼疲于奔命，这便是"佚而劳之"。

又如，三国时，马超、韩遂同领兵进击曹操。韩遂与曹操有旧交情，阵前相遇，曹操特地纵马和韩遂交谈很久，谈的都是当年旧事。事后马超追问，韩遂只说："无所言也。"马超便起了疑心，不久曹操又递交一封信给韩遂，信上故意用笔涂涂改改，马超向韩遂要信来看之后，以为韩遂隐瞒真相，私通曹操。两人心中起了猜疑，曹操便乘机进击，马超终于大败而逃，这便是"亲而离之"。

孙子在说完十二诡道之后，还用八个字作一总结，这八个字就是："攻其无备，出其不意。"一切"诡道"都以此为基础，因为"无备"与"不意"是弱点所在，而用兵行诡谋非针对敌人之弱点不可。一切欺敌手段之运用，目的皆在于使敌人暴露弱点，不作防备，或不曾预料，然后我们才能克敌制胜。"诡道"之运用，需要随机应变，往往因时、因地、因人、因事而异，所以孙子说："此兵家之胜，不可先传也。"

第二章　速战速决——作战篇

一、原文

孙子曰：凡用兵之法，驰车①千驷②，革车③千乘，带甲④十万；千里馈粮⑤，则内外⑥之费，宾客⑦之用，胶漆之材⑧，车甲之奉⑨，日费千金⑩，然后十万之师举⑪矣。

其用战也贵胜，久则钝兵挫锐⑫，攻城则力屈⑬，久暴师⑭则国用不足。夫钝兵、挫锐、屈力、殚货⑮，则诸侯乘其弊⑯而起，虽有智者，不能善其后矣！故兵闻拙速⑰，未睹巧之久也；夫兵久而国利者，未之有也。

故不尽知用兵之害者，则不能尽知用兵之利也。善用兵者，役不再籍⑱，粮不三载⑲，取用于国，因粮于敌，故军食可足也。国之贫于师者远输，远输则百姓贫，近于师者贵卖，贵卖则百姓财竭，财竭则急于丘役，力屈财殚，中原内虚于家，百姓之费，十去其七，公家之费，破车罢马⑳，甲胄矢弩，戟楯蔽橹㉑，丘牛大车㉒，十去其六。

故智将务食于敌，食敌一钟㉓，当吾二十钟，艺秆㉔一石，当吾二十石。故杀敌者怒也，取敌之利者货也。故车战，得车十乘以上，赏其先得者，而更其旌旗，车杂而乘之，卒善而养之，是谓胜敌而益强。

故兵贵胜，不贵久；故知兵之将，民之司命㉕，国家安危之主也。

二、注解

① 驰车：轻车也，即快速轻便的战车。

② 驷：乘也，一车套四马叫作驷，一驷即一乘。

③ 革车：辎重车辆，载器械财货衣装等。

④ 带甲：穿戴盔甲的士卒，指军队。

⑤ 馈粮：运送粮食。

⑥ 内外：指前方后方，或指国内国外。

⑦ 宾客：指各国之使节往来。

⑧ 胶漆之材：指制作、保养弓矢甲楯等作战器械所需之各种物资。

⑨ 车甲之奉：指车辆武器之保养补充。

⑩ 千金：巨额钱财。

⑪ 举：出动、行动。

⑫ 钝兵挫锐：兵器弊钝，士气挫折。

⑬ 力屈：力量用尽。

⑭ 暴师：暴露军旅于战场。

⑮ 屈力、殚货：力尽财竭。

⑯ 弊：疲困，指危机而言。

⑰ 拙速：平实快速，就是"宁速毋久，宁拙毋巧"的意思。

⑱ 役不再籍：只召集服役一次，不再作第二次之征召。役，是发兵役；籍，是伍籍，也就是现在所谓的户籍。

⑲ 粮不三载：载，运送之意，指运粮支援作战，不超三次。

⑳ 破车罢马："罢"同"疲"字，意思是战车破损，战马疲惫。

㉑ 戟楯蔽橹：戟，是将戈与矛两种武器的长处合在一起的一种兵器，楯，同盾，蔽橹，是大的盾牌。

㉒ 丘牛大车：指辎重车辆而言，丘牛即是大牛。

㉓ 钟：古代容量单位，每钟是六斛(hú)四斗。

㉔ 芑秆："芑"同"萁"字，是豆稭；"秆"，是禾秆，均为牛马饲料。

㉕ 司命：古时星座名，传为司人类之寿命，此处借喻为命运的掌握者。

三、白话

孙子说：就用兵作战的法则而言，准备一千辆战车及一千部辎重车辆，配合十万穿着甲胄的战士，自千里之外运输粮食，那么国内国外的军费、外交情报的支出、胶漆器材的补充、车辆甲胄的修护，每天都要用巨额金钱，然后十万大军才能行动。

大军出战，以取得胜利为第一要务，时间拖延一久，则兵器钝弊，士气挫折，攻击时战力消耗殆尽，加以长久用兵在外，必使国家财用不足。如果兵器钝弊、士气受挫、战力疲惫、财用枯竭，别国诸侯便会乘我们衰疲之际入侵，这时即便是有智谋之领导者，也无法善后了。所以用兵只宜平实迅速，不可逞巧持久，长时间用兵作战而对国家有益者，是从没有的事。

所以，不能彻底理解用兵的害处，就不能真正了解用兵的益处。善用兵的将领，在动员一次兵卒之后，绝不做第二次征召，载运粮秣也不会超过三次。军事装备为求合用，皆取之国内，但是粮秣则取之于敌人，如此则军队粮食可以充足。国家在作战时发生贫困的现象，是因为要运送粮秣给远方军旅。远道军粮会使百姓困苦，靠近军队的地区物价飞涨，物价飞涨则人民财富枯竭，人民财富枯竭而政府又急于征收各种税捐，以致力量用尽了，财富耗光了，家家都是空架子，老百姓财产的损失总在十分之七左右。而政府的支出，像破损的战车、伤残的马匹、装具弓矢、兵器楯牌以及牛只车辆等的耗费，总在十分之六左右。

所以高明的将领，务求在敌人的国境内补充粮食。吃一钟敌人的粮，抵得上自己二十钟，吃敌人一石豆秆秣草，就抵得上自己二十石。此外，要士卒勇敢杀敌，须激起其敌忾之气，要夺取敌人之物质，须以财货重赏士卒。比如在车战时，能夺取敌军十辆以上，当重赏那俘获者，更要改换旗帜，加入我方军旅使用。对于俘虏的敌军，也要妥为安置，这才是既战胜敌人而又使自己壮大的道理。

因此，用兵作战以求得胜利为首要，绝不能拖延长久。一个深知兵法的将帅，能掌握人民的命运，也是国家安危存亡的主宰。

四、概说

（一）后勤支援

《作战》系《孙子兵法》第二篇。春秋时代作战的方式主要是车战，所以各国往往以兵车数量之多寡来衡量一个国家的实力，此即所谓万乘之国、千乘之国、百乘之国的分别。在春秋时代的初期，作战规模并不大，双方如果出动三五百乘兵车，便已经算是大的战役了。到了后来，杀伐渐渐炽烈，战争规模愈来愈大，兵车数量也愈来愈多，因此战争的消耗直接影响国家的财政，一场大战往往使国家元气大伤。所以，在出兵作战之前，应该先就出兵之多少，计算后勤支援，否则以有限之人力与资源，必然无法供给长时期的战争耗费。

孙子在本篇开始就说："凡用兵之法，驰车千驷，革车千乘，带甲十万，千里馈粮；内外之费，宾客之用，胶漆之材，车甲之奉，日费千金，然后十万之师举矣！"春秋时代，各国军队的编制不尽相同，大体上说，兵车分为两种，一种是专任攻击之责，称驰车、攻车或驷车；这种车辆较轻巧，速度也较快。另一种兵车专任运输支援之责的，称重车、守车或革车，用皮革缦其轮，笼其车毂，行动较慢，能装重载，也较为稳固。司攻击之责的兵车，皆配置相当数目的兵卒，数量多少并不完全一致，但是大体上说，兵车上乘载三人，车左主射，车右持矛，另外一人则专司驾御马匹。此外再配属兵士七十二人，与兵车协同作战，作战时，这七十二人分成三队，计前拒（前锋）一队，左右角两队，形成一个战斗队形。至于专司辎重补给的革车，则配置二十五人，其任务分配是，炊夫十人，守装（警卫）五人，厩养五人，樵汲（杂役）五人，作战时革车随后，专司后勤支援任务。照孙子所谓"驰车千驷，革车千乘"来计算，驰车一千乘，计为七万五千人；革车一千乘，计为二万五千人，正好是"带甲十万"。

按周代井田制度，八家为井，四井为邑，四邑为丘，四丘为甸。作战之时，每甸出戎马四匹、牛十六头、驷车一乘、重车一辆、甲士步卒等一百人，也正好符合上述的战斗编组。不过依此来推算，则每"甸"有五百十二户人家，需要出丁一百人加入战斗，就动员数量而言，是相当可观的。不过到了春秋末期，井田制度已非原来面貌，军旅动员亦不可能全按这种比例，但是无论如何，兴师十万人的场面，在当时来说仍需要费极庞大的后勤支援力量。春秋时代的大战役，像"城濮之战"，晋国以五年之力准备作战，而动员之兵车数目，不过七百乘而已。其他战役，如"鞍之战"，晋军八百乘；"殽之战"，秦军三百乘，其规模在当时来说，都是非常惊人的。

孙子就指出，输送粮食于千里之外的费用、国内外战事的特别费用、外交及情报费用等，日费千金巨款，十万大军才能行动，可见金钱实为作战之第一要素。难怪，西方军事家说"战争的第一条件是金钱，第二是金钱，第三还是金钱"。国之军力与其财力有密切关系，在这一点上，古今中外是一样的。

（二）兵贵胜，不贵久

战争既然要耗费巨大的财力，因此大军出征作战，以争取胜利为首要，时间拖延愈久，则愈使军队疲惫，锐气尽失，渐渐丧失了战斗力量。尤其是攻城战，既费时日，又使军力消耗殆尽，同时长久暴露军旅于战场上，必使国家的财政经济枯竭。如果在这个时候有第三国乘虚而入，企图坐收渔人之利，或袭击、或干涉、或压迫，则虽有智谋之将帅，也无法善后了。

"钝兵挫锐，屈力殚货"，是孙子所提出来的用兵大忌，历史上因为犯这种错误而导致失败的例子很多。如乐毅攻齐国三年，独不能下莒城与即墨，最后反使田单复国；隋炀帝滥施征伐，力屈于雁门之下，兵挫于辽水之上，于是杨玄感、李密乘弊而起。第二次世界大战中，希特勒进兵苏联，攻莫斯科不下，攻列宁格勒亦不下，使战力消耗无数，终遭败绩。这都是犯了"钝兵挫锐，屈力殚货"的大忌。作战必须依恃一股锐气，所谓"一鼓作气，再而衰，三而竭"，锐气一失，久战无功，不但士气消沉，后勤补给也会发生问题，进退两难，只有失败一途了。

所以，孙子强调："兵闻拙速，未睹巧之久也。"意思就是宜速不宜久，凡战争愈久，其害处愈大，虽胜利亦得不偿失。不过对于"拙速"二字，历来各家注解并不一致。但是"拙"绝不会是指"笨拙"，因为孙子以"智"为将帅应具备的五项条件之首，断不会以笨拙的观点来衡量。所以这里说的"拙"应该是"大巧若拙"的"拙"，即寓精巧于平凡之中。作战断不能眩于花巧，否则"弄巧成拙"，一败涂地。"巧"是诡道之类，可用于一时，"拙"是平实简单，但是可行于长久。作战不但要求平实，还要求快速，所以用"拙速"

二字，就是强调用平实简易之手段，尽速结束战争。明代李贽注解"拙速"时说："宁速毋久，宁拙毋巧，但能速胜，虽拙可也。"足以表明孙子的本意。

由于战争具有破坏性，拖延愈久，造成生命、财产的损害也愈大，所以孙子说："不尽知用兵之害者，则不能尽知用兵之利。"战争之害在久，久则弊端随之而生，但是战争同样也有其利的一面，此即随胜利而来的各项战果。唯有速战速决，才能维持战果，不致损耗于久战之中。因此只有知久战之害者，才能力求速战之利。所以孙子希望"役不再籍，粮不三载"，就是说仅作一次动员，召集必要的兵力之后，迅速击败敌人，迅速结束战争，不必再有第二次动员，以免劳民生怨。至于粮食之装载输送，也仅以两次为限，绝不超过三次，以免国内的粮食不足，发生饥荒现象。"役不再籍"是节省民力。古代社会以农业生产为重心，农事稼穑最需要人力，如果农民都征调去作战，田地荒芜，必导致国家经济之崩溃，所以动员必要兵力之后，尽量不再征召。"粮不三载"，是强调军粮征集自民间，超过两次，则民无余粮度日，必造成民间之混乱，而且远道运粮支援前方作战，在交通不便的古代，也是一件很不方便的事。即使要大量支援前线，在运输的能力上，恐怕也是不可能的，唯有速战速决，才是制胜之道。

（三）以战养战

孙子说："国之贫于师者远输，远输则百姓贫。"古代交通不便，远道运输，全仗人力与畜力，既受运输工具之限制，又浪费时间，粮秣辗转于道路之上，都被运送的人、畜消费掉了，所以"远输"

实在是一大负担。而且战事一起，国内物价必因之而飞涨，即所谓"近于师者贵卖"，物价飞涨，则人民困苦，物资缺乏。而且战争所引起的物资缺乏，是恶性循环的，愈是物资缺乏，愈要向人民征收，各种派捐增税都加诸于人民身上，依孙子的计算："百姓之费，十去其七""公家之费，十去其六"。这是说，人民所得被征收的，总在十分之七左右，就政府来说，一切战争兵器之耗费补给，其支出总在十分之六左右。十去七，十去六，虽是一个约略估计的数字，但是耗费之巨可见一斑。

所以，孙子一再强调"因粮于敌"，即夺取敌国之粮秣，以给养自己军旅，而且说："食敌一钟，当吾二十钟，芑秆一石，当吾二十石。"一钟，相当于六石四斗；一石，相当于一百二十斤。古代运粮，全仗牛车、马车及人力担负，远程输送，受气候影响，加上意外损失，以及运送人、畜消耗，到达目的地者，不过是二十分之一而已。所以能利用敌人一钟粮食，便可抵得上本国二十钟，古代运粮之艰苦，可以想见。在历史上也有这样的记载："秦征匈奴，率三十钟，而致一石。"三十钟粮运到目的地，只余一石，其损耗是惊人的，无怪左宗棠平定陕甘新疆叛乱时说"饷难于兵，粮难于饷，运难于粮"了。

远道运输既如此困难，政府及民间又因为支援作战而不堪负荷巨大战费，故"以战养战"的策略为最有效的支援作战方法。历史上不乏"以战养战"之例，如公元前218年，迦太基名将汉尼拔，统率十万士卒，越比利牛斯山脉，进入意大利半岛，转战十年之久，一切补给均取之于敌，并没有得到迦太基的后勤支援，完全是"以战养战"。又如蒙古帝国席卷亚洲、欧洲时，亦是就地抢掠，就地补给，所以孙子说"智将务食于敌"，又说"胜敌而益强"，都是借战斗中掠取敌人的物资壮大自己。为了鼓励士卒掠取，必须"赏其先得者"，使之奋勇向前。一代奸雄曹操，在注解《孙子兵法》这一段时，有这样的话："军无财，士不来，军无赏，士不在。"虽然是十足的功利主义，但实在是一针见血的话。

不过"因粮于敌""务食于敌"的"以战养战"思想，并非绝对可行的。如果敌人实行"坚壁清野"政策，把一切可以资敌的东西悉行破坏，则"食于敌"的构想必成幻想。例如，拿破仑之进兵俄国，俄人坚壁清野，又将莫斯科付之一炬，适天降大雪，拿破仑之军队既无御寒之处，又无粮食充饥，六十万大军一溃不可收拾，逃归法国者，不过十之一二。因此，"因粮于敌"有其必要条件，首先要考虑天时、地利，是否合适于我；其次要保持迅速机动，即孙子说的"拙速"。唯有用兵神速，在敌人意料不到、来不及破坏一切时乘虚而入，才能得到战果。汉尼拔之所以能转战意大利半岛十年之久，蒙古之所以能席卷欧亚，全仗其机动神速。因此，以战养战固然是作战方策，但孙子在本篇结尾还是强调："兵贵胜，不贵久。"

第三章　不战而屈人之兵——谋攻篇

一、原文

　　孙子曰：凡用兵之法，全国①为上，破国②次之；全军③为上，破军次之；全旅为上，破旅次之；全卒为上，破卒次之；全伍为上，破伍次之。是故百战百胜，非善之善者也；不战而屈人之兵，善之善者也。

　　故上兵伐谋④，其次伐交⑤，其次伐兵⑥，其下攻城。攻城之法；为不得已；修橹⑦轒辒⑧，具器械⑨，三月而后成，距闉⑩，又三月而后已；将不胜其忿，杀士卒三分之一，而城不拔者，此攻之灾也。

　　故善用兵者，屈人之兵，而非战⑪也；拔人之城而非攻⑫也；毁人之国，而非久⑬也。必以全争于天下，故兵不顿⑭，而利可全，此谋攻之法也。故用兵之法，十则围之，五则攻之，倍则分之，敌则能战之，少则能守之，不若则能避之，故小敌之坚，大敌之擒⑮也。

　　夫将者，国之辅也，辅周⑯则国必强，辅隙则国必弱。故军之所患⑰于君者三：不知三军之不可以进，而谓之进；不知三军之不可以退，而谓之退，是谓縻军⑱。不知三军之事，而同⑲三军之政，则军士惑矣。不知三军之权，而同三军之任，则军士疑矣。三军既惑且疑，则诸侯之难至矣，是谓乱军引胜⑳。

故知胜者有五：知可以战与不可以战者胜，识众寡之用者胜，上下同欲㉑者胜，以虞㉒待不虞者胜，将能而君不御者胜，此五者，知胜之道也。

故曰：知彼知己，百战不殆㉓；不知彼而知己，一胜一负；不知彼，不知己，每战必败。

二、注解

① 全国：保全一国之完整。

② 破国：与"全国"相反，指国家受损伤。

③ 军、旅、卒、伍：古代军队的编制单位，一伍计五人，一卒计百人，一旅计五百人，一军计一万二千五百人。

④ 上兵伐谋：最好的用兵方法是以谋略屈服敌人。

⑤ 伐交：以外交途径屈服敌人。

⑥ 伐兵：以武力战胜敌人。

⑦ 橹：大盾，用以防矢石。

⑧ 辒辒："辒"，音（fén），"辒"，音（wēn），是古代攻城用的四轮车，用排木制作，上蒙牛皮，以防矢石，可以容纳十人（一说数十人）。

⑨ 具器械：准备攻城用的器械。

⑩ 距闉："闉"，音（yīn），通"堙"，土山。距闉是用以攻

城而堆积的土山。

⑪ 非战：指不用交战之方式取胜。

⑫ 非攻：指不用硬攻的方式取人城池。

⑬ 非久：不会旷日持久。

⑭ 顿：通"钝"，指疲惫、受挫的意思。

⑮ 小敌之坚，大敌之擒：力量弱小的军队，如只知硬拼，必成为强大敌人的俘虏。

⑯ 辅周：辅助周备无缺。

⑰ 患：危害、贻害。

⑱ 縻军："縻"，羁縻、束缚；即束缚军旅，使之进退失据。

⑲ 同：参与、干涉。

⑳ 乱军引胜：扰乱自己的军队，而导致敌人的胜利。

㉑ 同欲：同一意念。

㉒ 虞：有准备。

㉓ 殆：危险、失败。

三、白话

孙子说：战争的法则，以保全国家不受损失为上策，国家受损失，虽战胜也是差了些；不必血战，保全一军为上策，一军受到损伤就差了些；保全一旅为上策，受到损伤就差些；保全一卒为上策，受到损伤就差些；保全一伍为上策，受到损伤又差些。所以，打一百次仗，胜了一百次，算不上高明中的高明，能够不经战斗而使敌军降服，才是最高明的。

　　所以，用兵最上策就是以谋略的方式使人屈服，其次是用外交的方式使敌人屈服，再次就是用强大的军力使敌人屈服，最下策就是攻击敌人的城池堡垒。攻击敌人的城池堡垒实在是不得已的办法。制造大盾、攻城车及各种器械，需要三个月的时间才能完成，再修筑攻城的土垒阵地等，又需要三个月的时间。将帅觉得太慢，不能克制其焦躁愤怒，下达攻击命令，士兵像蚂蚁一样，爬到城墙上攻墙，死伤达三分之一，而城池仍攻不下来，这是进攻城堡的最大灾祸。

　　所以善于用兵的统帅，不经战斗而能屈服敌人，不经攻坚而能取得敌人城池，不需长久时间而能摧毁敌国，处处都把握住使自己完整无缺的原则，争胜负于天下，所以战力不受伤害，战果却能完全获得，就是用谋略来作战的法门。因此，用兵的法则是：有十倍优势的兵力，可四面包围；有五倍优势的兵力，可集中力量攻击之；有两倍优势的兵力，可分兵自正面及侧背攻击；双方兵力相等，可伺机与敌决战；如果比敌人兵力少，则暂时坚守，避免决战；如果自身军力差得太远，则可转进闪避。总之，力量弱小的军队，如不自量力地硬碰硬，就必成为强大敌人的俘虏了。

　　将帅是国家的支柱，将帅武德周备，国势必强；如果才德不周，国家必衰弱。国君对军事方面的为害有三样：不应该进军时，下令进军，不应该退兵时，下令退兵，这就叫牵制用兵；其次，不懂军政而妄行处理军政，使将士迷惑，无所适从；再次，不懂兵法上的权谋变化，而负起将帅一样的任务，使士卒疑惧。军队如果产生疑惧，必使敌国乘隙而来，这就是搅乱自己的军旅，导致敌人的胜利。

　　所以求得胜算有五点：第一，知道什么情况之下可以作战，什么情况之下不可以作战的，能获得胜利；了解这场战役究竟要配置多少兵力的，能获得胜利；国家与人民具有共同信念的，能获得胜利；自己准备充分，而敌人准备不足的，能获得胜利；将帅有才能，而君主不加牵制的，能获得胜利。这五样是预知胜负的先决条件。

所以说：了解敌人，也了解自己，可以经历百次战役，而不致发生危险；虽不了解敌人，但充分了解自己的能力，胜负的机会各占一半；不了解敌人，又没有自知之明，每次作战必遭失败。

四、概说

（一）全胜思想

《谋攻》是《孙子兵法》第三篇。作战用兵，杀伐炽烈，无论得胜一方或失败一方，皆有重大的伤亡损耗，所以最上策就是既能取得胜利，又能保全自己实力，不受任何损伤。因此，用谋略的方式，不经血战而屈敌人之军旅，获得最完整的战果，是用兵的最高境界。所以孙子在本篇一开始就提出五个"全"字——全国、全军、全旅、全卒、全伍，主要目的在强调以"全"争天下，也就是希望在不伤丝毫的情况下，取得"全胜"。

至于孙子所说的军、旅、卒、伍，是周代的兵制。周制以五人为伍，五伍为两，四两为卒，五卒为旅，五旅为师，五师为军，一军计一万二千五百人。但是，作战时的编组绝不会一成不变的，《管子·小匡》篇上就有：五人为伍，五十人为小戎，二百人为卒，二千人为旅，万人一军的说法；《公羊传》上有二千五百人称师的说法；《说文》

上也有以四千人为一军的解释，可以看出古代部队编制并不相同，各国因时、因地、因不同战役，各有自己一套编组方式。

作战用兵，不论装备如何精良，训练如何精熟，总有伤亡，虽胜亦有伤战力，所以孙子说"百战百胜，非善之善者也，不战而屈人之兵，善之善者也"。要想不战而屈人之兵，唯有使用政治、外交等手段，使敌人于无形无声、不知不觉中削弱实力，造成不得不屈服于我的形势，才能达到兵不血刃的目的，这便是"伐谋"与"伐交"。

"伐谋"就是谋略战，谋略战要运用智慧，订出适切的政略，诱使敌人陷于模棱两可、犹疑不决的错误政策中，促使敌人慑服于我方的政治压力，使其处处被动、举棋不定、惊惶失措，而使我方能以最微小的代价，获得最大战果。"伐交"则是外交战，外交战则系利用外交策略，分化敌人之阵营，联合自己的友邦，拉拢中立的第三国，使敌人陷于孤立无援的境地，即所谓不越樽俎之间，折冲千里之外。不论"伐谋"或"伐交"，都是侧重于精神或心理上的压力。近代著名兵学家李德哈特在阐述其"大战略"思想时，曾有这样的话："尽管战斗是一种物质上的行为，可是其指导却是一种心理上的程序，战略愈高明，则愈容易把握有利机会，而只需付出最低的成本。"又说："一个人的被杀死，只不过损失一个战斗成员而已，但一个神经受到震动之人，即可成为恐怖之现象。在战争较高阶段中，若能在对方指挥官之心理上造成一种印象，则其结果，即可瓦解其整个部队之作战力量。而在战争之最高阶层中，对于一个国家之政府，若能加以心理上之压迫，更足以瘫痪其所有一切作战力量，即如一个人之手掌瘫痪，则刀剑当然会从其手中落下。"这两段话，正是对"伐谋"与"伐交"的最好注解。战争之最高境界，就是使敌国陷于进退两难、不知所措的瘫痪境地，而我方乘此良机，予取予求。

"伐谋"与"伐交"都是没有战场的战斗，都是利用敌人的心理弱点和现实利害，步步进逼，处处主动，因此在实行过程中，很难区分其先后层次。不过善"伐谋"者必善"伐交"，善"伐交"者亦必善"伐谋"，两者常交互为用。例如苏秦、张仪之合纵、连横，就是谋略战与外交战的统合运用。不过"谋"虽着眼于政略方针，"交"着眼于利害取舍，但是在实际运用上，须相互配合，才能收到相得益彰之效果。

再进一步说，孙子固然强调"不战而屈人之兵"的"全胜"观念，但是"不战"并非"无战"，尤其在实行谋略与外交时，必先具备可胜之战力及必战之决心，才能形成较敌人优越的战略态势。否则，一味空谈谋略或外交，缺乏贯彻的决心和实力，是起不了任何作用的。因此，孙子在"伐谋""伐交"之后，还举出"伐兵"，而且说："兵不顿而利可全"，可见"伐谋""伐交"之目的，在保全兵之"不顿"（没有重大伤亡），以及利之"全"（战果完整）。假如没有强大的武力为基础，谋略与外交即缺乏有力的支持，流于空谈了。因此，"伐谋""伐交""伐兵"是一贯的顺序。"伐谋""伐交"只是手段，是在大战略及国家战略着眼上的一种高级层次，如果"不战"不能达到目的时，则须用"十则围之""五则攻之"的强大力量，一举歼灭敌人，所以"不战"只是不流血之战而已，"伐谋""伐交"是为达到不流血之目的而使用的手段，最后仍需要武力做最后的解决。

孙子最反对的便是硬碰硬地"攻城"。古代攻夺城池，既耗人力、物力，又旷久费时，与"兵贵速，不贵久"的原则相悖；攻城必经恶战，恶战必有重大伤亡，与"全胜"的原则相反，此所以孙子说"杀士卒三分之一，而城不拔者，此攻之灾也"。与"伐谋""伐交""伐兵"来比较，"攻城"自然是最笨拙，也是最难奏效的方式，站在求"全"的立场，宁可以野战、会战的方式来解决，也不宜采用这种伤亡率极高的"攻城"方式。例如，蒙古军素称剽悍，战无不胜，攻无不克，纵横欧亚大陆，独于南宋末年攻四川钓鱼城，十年无功，元宪宗蒙哥亦在围攻中伤亡，实为孙子所说"其下攻城"之最佳例证。

（二）野战要领

在运用谋略战和外交战之后，到了不能不相见于战场的时候，对兵力的配置及运用就不能不详加考量。依孙子的说法，我方如在优势兵力的情况之下，可以"十则围之，五则攻之，倍则分之"。在兵力相当，或居于劣势的情况下，可以"敌则能战之，少则能守之，不若则能避之"。这是属于野战战法的要领，是站在量的观念上谈作战方法，也就是依敌我兵力的多寡，来决定作战方式。所谓"十则围之"，就是我方兵力占十倍以上的绝对优势，可以用以大吃小的办法，包围歼灭；所谓"五则攻之"，就是我方兵力在次优势或相当优势的情况下，可以集中全力，一举进击；所谓"倍则分之"，则是我军在数量上比敌军多一倍，若用包围的方式，战力分散，不易制胜，若一举进击，又恐敌人主力退避，因此或分兵击其两侧，或分兵绕其背后，或设奇兵以分散敌军，务把敌军歼灭而后止。"围之""攻之""分之"这三种方式，都是我军在优势兵力之下的基本打法。

至于敌我兵力相当，孙子主张"战之"，即尽全力与敌军作战，因为彼此具有对等的力量，全力一战，胜负难断，只要我有死数之决心，必有得胜之机会。如果我军处于劣势兵力，而敌人在量的方面超过我军的时候，宜采取守势，借防御的方式，使敌人无法得逞。如果我军既处于劣势兵力，又在不宜采取防御的环境之下，种种条件都比不上敌人时，就应当避免与敌人正面接触，做适当的转进，然后待机而动，这就是"少则能守之，不若则能避之"。

就孙子所列举的野战要领来看，含有两项基本的概念：一是主动，二是弹性。所谓"主动"，即先发制人的处理行动；所谓"弹性"，即随机应变的变化能力。战场上常有不可预期的状况发生，在我军占优势时，固然要主动捕捉敌人主力以歼灭之，在劣势情况时，更须采取主动，在战术上形成局部之优势，以空间换取时间，积小胜而为大胜，然后逐渐争取战略上之主动。在争取主动的过程中，常有不可逆料的状况出现，因此绝不能墨守成规，一成不变，必须把握战机，弹性伸缩，相机应变。孙子所说的"围之""攻之""分之""战之""守之""避之"，无一不是主动原则和弹性原则的运用。依据敌我兵力之优势，判断何时用"围""攻""分"，何时用"战""守""避"，而赢取最后的胜利。

不过，古代作战兵器简单，如双方之装备相差不远，士卒数量之多寡，往往成为决定胜负之主要因素，所以孙子所说的"十""五""倍""敌""少""不若"等，都是指数量而言，而且也是指常态状况之下的基本战法。在战史上固然有寡可以击众、少可以胜多、弱可以制强的例子，像少康以一旅中兴，田单以两城复国，班超以三十六人纵横西域，都是在量的方面处于绝对劣势，而最后转劣势而为优势。但是，我们必须注意，这些成功的战例，还有许多其他相配合的因素辅佐，并非仅微小数量的兵力所能胜任的。寡可击众，众自然更具备击寡之条件，其关键全在谁能掌握"主动"与"弹性"的原则，所以孙子说"识众寡之用者胜"，就是这个意思。

（三）统帅权

将帅统军，负国家之重任，系天下之安危，因此常要求统帅权之完整，以期能遂行其决心，完成其使命。而君主往往因顾忌军权旁落，外重内轻，又恐怕将帅心怀二志，或功高震主，所以对统帅权的赋予，常怀戒心，因此形成了统帅权应否独立的问题。自古以来就有"国不可从外治，军不可从中御"的说法，孙子则说得更清楚明白，他认为国君侵犯统帅权有三种祸患，即"縻军""惑军""疑军"，这三种祸患都是干涉军旅的指挥系统，影响战略战术的执行。因此，他坚决反对君主任意干预统帅权，他就曾经对吴王说过"将在军，君命有所不受"的话，并且将违反命令的宫女斩首（《史记·孙子列传》），以求军令之贯彻，可见孙子向来是主张统帅权独立的。

统帅权的独立完整，对作战用兵而言，实有绝对之必要。战场上瞬息万变，一国元首在后方遥控，自无从了解前线战场情况，唯有指挥官身处战地，才能知道何时应进，何时应退，如果必须请示而后可，则战机稍纵即逝，一切情况就完全不同了。如第二次世界大战时，德军指挥官古德里安挟其精锐之装甲部队，长驱直入法国，英军及盟军之退路仅敦刻尔克一处。此时古德里安之前锋距敦刻尔克不过十里，但是希特勒一再严令禁止前进，致使二十二万英军及其他十一万盟军，得以乘机由海路撤退。两月后，德军再度进击，则机会已失，只有望洋兴叹了。统帅权之遭牵制，影响战局甚巨。

国君有时还不仅干涉战略战术，甚至过问军政，以不知兵之近亲或佞宦监军，其弊害之大，尤过于干涉战略战术。以宦官监军，在我国唐朝时最盛，往往战胜则争功，战败则诿过，使得将帅处处受其掣肘，士卒无所适从，对统帅权可说是彻底的破坏。

还有的国君，急功近利，不明战场的实际情况，总以为统帅没有尽力而为，或怀疑其别有异心，在战争进行中撤换主帅，造成失败的命运，这种情形在战史上亦有许多。例如燕伐齐，乐毅下齐国七十余城，而只有即墨和莒两城死守不降，久攻不下。燕王便撤换乐毅，代之以骑劫，结果田单反攻，败燕复齐。又如赵国与秦国战于长平，以廉颇为将，坚壁固守。赵王不耐，换赵括为将，轻敌出战，结果大败，一夜之间遭秦军坑杀四十万。这都是国君"不同三军之事，而同三军之政；不同三军之权，而同三军之任"的结果。统帅权自有其独立性和完整性，国君不宜妄作干预。所以孙子说"将能而君不御者胜"，就是这个道理。

第四章　胜兵先胜——军形篇

一、原文

孙子曰：昔之善战者，先为不可胜[①]，以待敌之可胜[②]；不可胜在己，可胜在敌[③]。故善战者，能为不可胜，不能使敌必可胜；故曰：胜可知，而不可为[④]。

不可胜者，守也；可胜者，攻也。守则不足，攻则有余[⑤]。善守者，藏于九地[⑥]之下；善攻者，动于九天之上；故能自保而全胜也。

见胜，不过众人之所知，非善之善者也；战胜，而天下曰善，非善之善者也。故举秋毫[⑦]，不为多力；见日月，不为明目；闻雷霆，不为聪耳。古之善战者，胜于易胜者也；故善战者之胜也，无智名，无勇功。故其战胜不忒[⑧]，不忒者，其措[⑨]必胜，胜已败者[⑩]也。故善战者先立于不败之地，而不失敌之败也。是故胜兵先胜[⑪]，而后求战；败兵先战[⑫]，而后求胜。

善用兵者，修道[⑬]而保法[⑭]，故能为胜败之政。兵法"一曰度[⑮]，二曰量[⑯]，三曰数[⑰]，四曰称[⑱]，五曰胜；地生度[⑲]，度生量[⑳]，量生数[㉑]，数生称[㉒]，称生胜[㉓]。"故胜兵若以镒[㉔]称铢[㉕]，败兵若以铢称镒，胜者之战，若决积水于千仞㉖溪㉗者，形也。

二、注解

① 先为不可胜：先使自己不至于被敌人战胜。

② 以待敌之可胜：以等待时机胜敌。

③ 可胜在敌：取胜的机会在于敌人是不是暴露弱点。

④ 胜可知，而不可为：胜利虽可预计而知，但不能勉强造成。

⑤ 守则不足，攻则有余：采取守势，是因为取胜条件不足；采取攻势，是因为取胜条件充裕。

⑥ 九地：古人常用"九"来代表最多数，"九地"，是说深不可测，"九天"，则是高不可测。

⑦ 秋毫：原指兽类在秋天新长的细毛，此处比喻非常轻微。

⑧ 不忒："忒"，音 tè，误、疑之意。"不忒"是无疑、无误，确有把握之意。

⑨ 措：措施，处置。

⑩ 已败者：指处在失败形势中的敌人。

⑪ 胜兵先胜：能打胜仗的军队，总是先创造必胜的条件。

⑫ 败兵先战：只有失败者，才抱侥幸心理，先与敌人开战。

⑬ 修道：指政治、军事等各方面条件的准备。

⑭ 保法：确保法制。

⑮ 度：判断战区之大小，战线之长短。

⑯ 量：部署及计划，指战场之容纳量。

⑰ 数：所需之人力物力之数量。

⑱ 称：权衡，比较双方政治及军事的良窳。

⑲ 地生度：依地形之险易、广狭、死生等情形，作出战区战线的判断。

⑳ 度生量：根据判断，计量出战场容纳量，加以部署。

㉑ 量生数：根据战场情况，决定所需之人力物力之数量。

㉒ 数生称：权衡双方之人力物力，予以比较计算。

㉓ 称生胜：比较计算之后，制定周密计划，虽未战，而已胜券在握。

㉔ 镒：古代的重量单位，一镒为二十四两（一说为二十两）。

㉕ 铢：亦为重量单位，二十四铢等于一两。"铢""镒"之间相差五百多倍，用以形容实力之悬殊。

㉖ 千仞：古代的长度单位，八尺为仞，"千仞"比喻极高。

㉗ 溪：山中之涧。

三、白话

　　孙子说：从前善于用兵作战的人，总是先创造有利形势，使自己不被敌人战胜,然后等待可能战胜敌人的机会。使敌人无可乘之机，是操之在我的，敌人有没有犯错误，而使我有得胜机会，却是操之在敌人的。所以善于用兵作战的人，能使自己无机可乘，不让敌人有可胜的机会,但不能使敌人必定为我所胜。所以说胜利固可以预知，但是敌人有无可乘之隙，不能勉强造成。

当我无法战胜敌人时，应采取防守方式，可能战胜敌人时，应采取攻势。防守是由于取胜条件不足，进攻则是因为我有充裕的力量。善于防守的，像深藏在地底一样，使人无法窥知虚实；善于进攻的，像飞跃于高空一样，使人无从防备，所以既能保全自己，又能取得完全胜利。

一般人都能预见或预知的胜利，不是最高明的胜利；经过力战取胜，人人都赞好的，也不是高明的胜利。就像举起秋毫那样轻的东西，算不得力量大；看得见日和月，算不得眼睛好；听得见雷声，算不得耳朵灵一样。古时善于用兵作战的，他的取胜都是在无形之中，所以胜得很容易。因此，善用兵作战者的胜利，既显不出智谋的名声，也看不出勇武的功劳，因为他的取胜都是有把握的，其所以有把握，是因为他的措施都已先站在胜利之基础上，自然能胜过那些已经露出失败征兆的敌人。所以善于用兵作战者，先要站在不失败的基础上，使敌人无机可乘，而且不要错过敌人败亡之机会。所以，胜利者都是先创造必胜的条件，然后再与敌人作战；只有失败者，总是先与敌人作战，然后再侥幸求胜。

善于用兵者，修明军政，确保法制，所以能主宰胜败。用兵之法是：一为判断战区战线，二为部署计划投入的力量，三为需要人力物力的数目，四为比较权衡双方政治及军事的良窳，五为战胜敌人。根据地形产生作战判断，根据判断产生部署计划，根据部署决定人力物力的数量，根据数量比较权衡，最后得出胜算之结果。所以，掌握胜利契机的军队，占有绝对的优势，就像拿镒来称铢一样，失败的军队正好相反，像拿铢来称镒，居于绝对的劣势。掌握胜利契机的军旅，在作战的时候，像从八千尺高的山涧中放出积水一样，势不可当，这就是敌人无从抗拒的形势了。

四、概说

（一）军形的意义

《军形》是《孙子》第四篇，要旨是说军事上胜利态势之形成。明朝何守法的注解是："军形者，彼我两军攻守之形，虽因情而著，实谋为隐显者也；谋深则形隐，而人不可知，谋浅则形显，而人皆可见。故次于谋攻为第四，大抵此篇主于先能自治，秘之莫测，然后徐察敌形而巧乘之，斯为用兵之妙，非示诈形误敌者比也。"这段话的意思是说，两军对垒，双方都尽量找敌人的弱点，而隐藏自己的弱点，则弱点并不是靠隐藏就可以消失的，先要有自知之明，把自己的弱点一一校正，这就是"先能自治"，然后方可立于不败之地；再去观察敌人的弱点，一举击溃之。因此这个"形"不是摆出虚张声势的样子，或是用诡诈手段欺骗对方，而是从自身做起，借本身之不断改进，扭转形势。例如，战国时，赵王派李牧守雁门关，抵御匈奴。李牧上任后训练士卒骑射，整修烽火台，派间谍四出侦察，经常赏赐士卒，但严禁士卒与匈奴冲突。这样过了几年，匈奴以为李牧是个胆小的人，赵王也很不满意，将李牧撤换，另派将领代替，结果每次与匈奴交战，都吃了亏，于是再令李牧回任。李牧说："大王要用我，一定要用以前的方式。"赵王只得同意，李牧果然像以前一样。过了几年，匈奴认定了李牧是胆小鬼，士卒也因长期休养，都摩拳擦掌，想好好打一仗。于是李牧开关放牧，把牛羊纵放出去，引诱匈奴深入，一举歼灭之。经过这一次教训，匈奴人十余年不敢接近雁门关。

由此可知有利形势之造成，完全操之在我。孙子在《虚实》篇中说"兵形象水"，水本来是无形的，因方圆之器而赋以不同之形，因此形势有其变动不居的性质；一旦积点滴之水，成千仞之溪，激发而下，则势如万马奔腾，没有任何力量可以抵挡，所以孙子解释"形"是"若决积水于千仞之溪者，形也"。再具体一点说，水的本性虽然是至柔的，但如将它堰住，集成多量，便会变成至大至刚的力量。形势的造成亦复如此，从局部的、片断的转变中，逐渐形成全面的、整体的改变，就像水一样。从至柔变成至刚，这就是孙子说的"善用兵者，修道而保法，故能为胜败之政。""修道""保法"就是用兵作战之前，将政治、军事、经济、精神等力量，完成充分之准备，以奠定绝对优势之基础，故"军形"并非单纯的军事优势，而是包括政治、经济、军事、精神在内的整体形势。

一旦整体形势超越对方，则敌人必处处受制，步步困厄，孙子的比喻是："故胜兵若以镒称铢，败兵若以铢称镒。"镒比铢重五百多倍，拿这种差距极大的比重，来做优势与劣势的对比，以强调掌握整体形势之重要。而整体形势之掌握全靠"修道""保法"及基础，即《始计》篇中所说的"道、天、地、将、法"五事，能在"五事""七计"中超越敌人，则整体优势必已形成，即如"积水千仞之溪"，军事行动不过是决其口，使之飞激而下而已。明白这个道理，"军形"的意义自可体会到了。

（二）先胜部署

善用兵者，在整体形势上先做到不败的要求，这就是先在战争准备上与战略态势上求万全，使敌人无懈可击并无机可乘，即使敌人倾国来犯，我已有充分准备，可以自保，使敌知难而退。如果敌人在力量上占绝对优势，我也以战略上的有利态势，使其"货殚力屈""钝兵挫锐"之余，露出弱点，再逐次扭转战局，这就是"先为不可胜，以待敌之可胜"。这种"不可胜"是操之在我，有赖于万全的准备，但是战胜敌人，不是勉强可以办到的，要看敌人是否妄动而自露破绽。由此可知，孙子的"先胜"思想绝非侵略主义，战争固以求胜为要，可是如求胜的目的是侵略的话，必引起民怒人怨，遭激烈之抵抗。战争初期，侵略者可能攻城掠地，颇有所获，一旦旷久费时，必遭本身人民之反对，及第三国之干预，师劳兵疲之余，陷于进退两难境地。这时初期之优势渐失，战况失利，国力耗费，终至失败。况且为制裁侵略，或为挽救危亡而应战的一方，属于"哀兵"，在道德与真理上，都是必胜的。所以孙子说："胜可知，不可为。"蓄意侵略，勉强造作胜利，必然走向失败。

日本侵华失败足以作为明证。当时中国民生凋敝，亟待建设，日军则挟现代化精良装备，抗日战争十四年，日军虽在战争初期占尽了优势，但最后还是免不了失败的命运。究其原因，就是以侵略为目标，虽攻城略地，但无法屈服中国人民的意志，基本形势上就犯了"不可为而勉强为之"的致命错误；战略上又犯轻敌的毛病，兵力过于分散，以致逐次动员，分批投入，陷于中国之广大空间中，战力消耗殆尽。反观中国，坚持持久战的方针，巩固内部团结，力求以空间换取时间；贯彻全民抗战的方针，以鼓励民心、振奋士气；诱使日本改变由北向南之作战路线，改为由东向西进攻，使中国部队主力及物资能从容向大后方撤退，终于使日寇陷入泥淖，获得抗日战争的最后胜利。凡此种种均为"先为不可胜"之功夫，也就是"先胜部署"。

有完善的先胜部署，才能立于不败之地。有人说："真正战争打在开火之前，最后胜利决于准备之日。"此一箴言正可与孙子所说的"胜兵先胜，而后求战；败兵先战，而后求胜"互相印证。盖胜败之整体形势，并不是作战开火之后才形成，而是在战前就造成了。像日寇侵华一样，先战而后求胜，虽在战争初期有所成效，但是终不免彻底失败之命运，就是忽视了"胜兵先胜，而后求战"的道理。

（三）修道保法

在《始计》篇中，孙子曾提出"庙算"，在《军形》篇之末，再度提出预计胜算之要诀，他举出"度""量""数""称""胜"五个计算程序。"度"是量物长短之器，亦作"谋"解，凡是心中计虑称之为度，在此应作判断之意，判断作战面之大小、战线之长短；"量"是容量之器，在此应作部署计划之意，计划持续作战之潜力与能力；"数"是指计算人力物力之数量；"称"是权衡，比较政治的良窳与双方战力的短长，将以上四项合计起来，便是第五项的"胜"。"地生度、度生量、量生数、数生称、称生胜"的连续关系，是对"庙算"的进一步分析，也是对"五事""七计"的补充，可视为军事战略部署要领。

同时在讲到"度""量""数""称""胜"五要诀之前，孙子又再次强调："善用兵者，修道而保法，故能为胜败之政。"可见"修道保法"是制胜之基础。孙子特别重视政治修明，"五事"的第一件是"道"，"七计"的第一条也是"主孰有道"。"道"就是政治上开诚心，布公道，修明政治，厉行法治，然后人民能拥护政府，做到"令民与上同意"，虽危不惧，虽死不怨，故军事与政治实有不可分的关系。除了"道"以外，孙子还强调"法"。"法"的目的是建立制度，贯彻命令。《商君书》上说："凡用兵，胜有三等，若兵未起而措法（建立法制），措法而俗成，俗成而用具。此三者必行于境内，而后兵可出也。"把军事与法制解释得非常清楚。孙子在"五事"的最后一项，"七计"的五项，都提到"法"，可见其对"道""法"的重视程度。唐杜牧注《孙子兵法》这一段时说："道者，仁义也，法者法制也。善用兵者，先修理仁义，保守法制，自为不可胜之政，伺敌有可败之隙，则攻能胜之。"这段话确能把握孙子的精义。

至于说"地生度""度生量""量生数""数生称"，这是就敌我之国土大小，作战地形之远近险易、广狭生死，以及人力、物力、财力之多寡，做一较量。以求在地形、兵力、补给上取得有利的形势，尽量以我之长制敌之短，在决战方面，制造我方之绝对优势，予敌人以致命之打击。"地""度""量""数"是作战计划及战术考虑的范围，作为"修道""保法"之补充，就整体的先胜态势来看，必先"道"胜、"法"胜，然后求其"地"胜、"度"胜、"量"胜、"数"胜，才能成为真正的"胜者"。具备这样绝对优势的"胜者之战"，自然如"决积水于千仞之溪"，所向披靡了。

（四）攻势与守势

就先胜态势而言，"攻"与"守"自有其权衡得失之处，宜攻或宜守，不可一概而论，孙子说："不可胜者，守也；可胜者，攻也。""守"是静态，我不攻击人，自无从取胜，人不攻击，亦无败理，所以说"不可胜"；"攻"是动态，我可以利用集中之兵力，攻敌之弱点，在某一点发挥压倒性优势，所以说是"可胜"。但是，无论"攻""守"，必先衡量自己的条件，适合"攻"者乎？适合"守"者乎？采取守势，是因为本身条件不足；采取攻势，是因为本身有充足的条件，不必顾虑防守，所以，孙子说："守则不足，攻则有余。"

就学理上而说，无论攻势或守势都是换取所需要之时间，攻势是在动态中换取所需时间，守势在是静态中换取所需时间。攻势换取时间的目的是在适当的时间内，用积极的作战行动，捕捉对方的主力而消灭之；守势换取时间的目的是利用适当的时间，延缓敌人的行动，或就地决战，或待机转移主力，伺机决战。所以，孙子形容"攻"与"守"说："善守者，藏于九地之下；善攻者，动于九天之上。""九天"比喻高速，"九地"比喻深密。攻势自然是越快越好，自空而降，防不胜防；守势自然是越深越好，使敌人找不到主力，保全自己的力量。因此，不论"攻""守"都要运用巧妙，才能收到效果。

就实际运用来说，守势不如攻势。防守的一方，每每感觉处处均应守，处处均需防，备多力分，兵力不足；而攻势的一方，力专而形有余，可以选择敌人的弱点，集中全力重点打击，所以历来将帅多主张攻势。孙子说"守则不足，攻则有余"，绝不是认为"守"

不足取，在一定的条件之下，守势自有其必要。况且，"守"并不是"不攻"，往往有战略上采守势，而战术上采攻势者。战略采守势是因为整个形势不利于我，或缺乏攻势之条件；战术上采攻势是希望攻击、牵制，并干扰敌军，或转移、迟滞敌军，以保全主力，其最终目的，是要待有利时机的到来，易守为攻，发动反攻。"守势"只是条件不足时采取的手段，只要守得好，一样可以取胜。"攻"与"守"各有其一定条件，必得先期考虑各项条件的配合，才能决定攻守原则。

第五章　正合奇胜——兵势篇

一、原文

孙子曰：凡治①众如治寡，分数②是也。斗众如斗寡，形名③是也。三军之众，可使必受敌④而无败者，奇正⑤是也。兵之所加，如以碫⑥投卵者，虚实⑦是也。

凡战者，以正合，以奇胜⑧。故善出奇者，无穷如天地，不竭如江河，终而复始，日月是也；死而复生，四时是也。声不过五，五声⑨之变，不可胜听也。色不过五，五色⑩之变，不可胜观也。味不过五，五味⑪之变，不可胜尝也。战势不过奇正，奇正之变，不可胜穷也。奇正相生，如循环之无端⑫，孰能穷之哉！

激水⑬之疾，至于漂石⑭者，势也。鸷鸟⑮之击，至于毁折者，节⑯也，是故善战者，其势险，其节短，势如张弩⑰，节如机发⑱。

纷纷纭纭⑲，斗乱⑳，而不可乱也。浑浑沌沌㉑，形圆㉒，而不可败也。乱生于治㉓，怯生于勇㉔，弱生于强㉕。治乱，数也㉖；勇怯，势也㉗；强弱，形也㉘。故善动敌者，形之㉙，敌必从之；予之，敌必取之；以利动之，以实待之。

故善战者，求之于势，不责于人③⑩，故能择人任势③①；任势者，其战人③②也，如转木石，木石之性，安③③则静，危③④则动，方则止，圆则行。故善战人之势，如转圆石于千仞之山者，势也。

二、注解

① 治：治理、管理。

② 分数：编组之意。李贽注："分，谓偏裨卒伍之分；数，谓十百千万之数，各有统制之意。"

③ 形名：指军队指挥用的旗号。曹操注："旌旗曰形，金鼓曰名。"

④ 受敌：受敌人之攻击。

⑤ 奇正：指古代军队作战的变化和常法，其含义甚广，如先出为正，后出为奇；明战为正，暗攻为奇；正面作战为正，侧翼作战为奇。

⑥ 碫：音 duàn，砺石，喻其坚硬。

⑦ 虚实：在用兵上，有弱点叫作虚，没有弱点叫作实。此处是喻以我之实，击彼之虚。

⑧ 以正合，以奇胜：以用兵的正常法则，作堂堂正正的合战，然后顺应战况变化，用奇兵取胜。

⑨ 五声：古代以宫、商、角、徵、羽代表五个音阶，再加上变徵、变宫，与西洋音乐的七音阶大体相同。

⑩ 五色：古代以青、黄、赤、白、黑五种颜色为基本色彩。

⑪ 五味：古代以酸、苦、甘（甜）、辛（辣）、咸五种为基本味素。

⑫ 循环之无端：绕着圆环旋转，没有尽头。

⑬ 激水：奔流急速之水。

⑭ 漂石：漂动的石头。

⑮ 鸷鸟：鹰类，凶猛之鸟。

⑯ 节：时间、空间调节得恰到好处。

⑰ 张弩：弩，是强弓，弓身装有机括，张弩即拉开机括。

⑱ 机发：机，指机括；机发就是扣扳机。

⑲ 纷纷纭纭：紊乱，杜佑注："纷纷旌旗像，纭纭士卒貌。"指旌旗士卒一片紊乱。

⑳ 斗乱：在紊乱中战斗。

㉑ 浑浑沌沌：状况不明，杜佑注："浑浑车轮转形，沌沌步骤奔驰。"指作战时胜败难分的混乱场面。

㉒ 形圆：形指部署而言，形圆是说部署周严，四面八方都能顾到。

㉓ 乱生于治：在一定条件下，由反面之运用，达到正面之效果，混乱之战斗是由有秩序之治理而产生。

㉔ 怯生于勇：故意对敌表示怯懦，必须自身具有真正之勇气。

㉕ 弱生于强：要装作弱势的样子，必须本身具备强势的条件。

㉖ 治乱，数也：队形之严整或混乱，均是数，即作战部队数量之组合。

㉗ 勇怯，势也：对敌人显示勇敢或怯懦，均为态势之运用。

㉘ 强弱，形也：表现强大或弱小的姿态，这是战力展示的形态。

㉙ 善动敌者，形之：善于引诱敌人，使敌人盲动者，会故意用各种假象(形)使敌人迷惑。

㉚ 求之于势，不责于人：在整个战略战术的形势上，力求超越

敌人，而不苛求部属。

㉛ 择人任势：选择适当的人才，充分利用形势。

㉜ 战人：指挥部卒与敌作战。

㉝ 安：地势平坦。

㉞ 危：地势陡斜。

三、白话

　　孙子说：治理人数众多的部队，要像治理人数少的部队一样，这是属于分散编组的问题。指挥大部队作战，如同指挥小部队作战一样，这是属于号令的问题。大军人数众多，要使其一旦受攻击而不失败，这是"奇""正"运用的问题。要能像用砺石敲鸡蛋一样，所向无敌，这是"虚""实"的问题。

　　大凡作战，都是以用兵的正常法则与敌合战，然后顺应战况变化，用奇兵取胜。所以善于出奇制胜的将帅，就像天地那样变化无穷；又像江河那样奔流不竭；周而复始，像日月的循环；从凋枯到生长，像四季变化一样，生生不息。声音不过是宫、商、角、徵、羽五种音阶，但是其配合变化就让人听不完；颜色不过是青、黄、赤、白、黑五种基本色彩，配合变化就让人看不完；味觉不过是酸、苦、甘、辛、咸五种味素，配合变化就让人尝不完；作战的形态不过是"奇""正"两种，然而其配合变化，却是无穷无尽。"奇""正"互相变化，如同顺着圆环旋转一样，是没有尽头，永无止境的。

　　湍急的流水快疾奔泻，以致能漂移石块，这是由于有强大的势。

凶猛的飞鸟，高飞疾下，能毁拆兽骨，是因为善于调节远近的关系。所以善于用兵的将帅，其气势强如张满的弓弩，其节奏快捷如扣发扳机，使敌人不能抵挡。

在纷纭混乱的状态中作战，要使自己的军队不乱；在混沌不清的情况下打仗，必须把队伍布置妥当，使敌人无机可乘。在一定的条件下，"治"可以表现出"乱"，"勇"可以表现出"怯"，"强"可以表现出"弱"。"数"是军队编组，为治乱之本；"势"是破敌之艺术，为勇怯之根本；"形"是配置部署，为强弱之所决。所以，善于引诱敌人的将帅，常故意作出弱怯的姿态，使敌人受到欺骗，或予敌人小利，引诱敌人行动，然后以勇强的实力待机袭之。

因此，善用兵作战的将帅，只会在战争态势上求胜，不会苛责部属，因而他能选择适当人才，利用有利形势。善任势的将帅，他与敌作战，好像转动圆木和石头一样，圆木石头的特性是放在平坦的地方较稳定，放在陡斜的地方就容易转动，遇方正即停止，遇圆斜即转动。所以高明的将帅造就之态势，如同把圆木石头从八千尺的高山往下滚，势不可当，这就是军事上所谓的"势"。

四、概说

（一）兵势的意义

《兵势》是《孙子兵法》第五篇，上接《军形》篇，下连《虚实》篇，有承先启后的作用。"势"最初见于《始计》篇："势者，因利而制权也。"是孙子讲完"五事""七计"后,提出来用以"佐其外"的,兵学家蒋百里先生说:"势者,即诡道。然诡道之界说有二:一曰奇正,一曰虚实。此篇（指《兵势》篇）专论奇正之诡道,以兵势不过奇正一句,为一篇之纲领也。"明李贽也说:"势者,机也;机动而神随。故言军形,次言兵势。……势虽神妙,总不过奇正,奇正虽变,总不出虚实。"这都是把《军形》《兵势》《虚实》三篇连贯起来,成为一个体系。

　　"势"是力的表现,如水势、火势,军旅由静止之状态迅速运动,所造成的威力,就是"兵势"。比如猛鸷之击、饿虎之搏,一定先要敛其翼,踞其身,做准备攻击的预备动作,这就是"形"。预备动作的目的,是找寻目标的弱点,决定应该从什么地方下手,这就是观其"虚实"。一旦动作完成,虚实测定,即如猛鸷抓兔,饿虎扑羊,一击中的,这就是"势"的运用。孙子用许多比喻来说明"势"的威猛,像"激水之疾,至于漂石者,势也""转圆石于千仞之山者,势也""势如张弩,节如机发"等,都是证明"势"是一种力的表现,也是主动、迅速的战争原则。

　　所以,"兵势"由"军形"而来,拿《军形》篇的积水做例子来说,积水本是"形","势"潜伏其中,是静止不动的,可是如决其口,积水自千仞之溪飞激而下,则造成无与伦比之"势"。因此"形"是静态,"势"是动态。清代夏振翼注解《孙子兵法》说:"兵势者,破敌之势也。形,欲其隐,所以使敌不测也。势,欲其奋,所以使敌莫御也。故次军形。""形"意味着敌人不可胜我的万全部署,"势"意味着我必胜敌的攻击动作,军队之态势,如平静无变化,则不能拥有任何决定性力量,即使敌不能败我,我也无从胜敌,必须予敌人致命之一击,才能获得决定性的胜利。

因此"形"与"势"实在是一体之两面，一静一动，寓动于静。孙子说："任势者，其战人也，如转木石，木石之性，安则静，危则动，方则止，圆则行。"木石本是在静止状态的，不去转动它，永远不会产生动力，但是放置在千仞高山之上，滚动而下，运动速度增大，其威力就无法遏止了。所以"形""势"运用，实为作战之本，能善用形势，必能发挥最大的力量。

（二）兵势运用

兵势重在作战部署，所以孙子在本篇起首即讲"分数""形名""奇正""虚实"。"分数"是部队编组，"形名"是号令指挥，"奇正"是战法变化，"虚实"是制敌弱点，这些都是兵势部署之要点。再进一步言，"分数""形名"是指挥，"奇正""虚实"是战术，正确的指挥配合高明的战术，才能发挥势的力量。

关于"分数""形名"，孙子的解释是："治众如治寡""斗众如斗寡"，意即治理及指挥大军如臂使指，简单明了。因为编组恰当，指挥系统健全，纵是数百万大军，亦可由统帅一人运用自如。《吴起兵书》上曾说到指挥方法："教战之令：短者持矛戟，长者持弓弩，强者持旌旗，勇者持金鼓，弱者为厮役，智者为谋主。"这就是依各人所长，分配职务，予以编组，即孙子说的"分数"。编组完成，然后："乡里相比，什伍相保，一鼓整兵，二鼓习阵，三鼓趋食，四鼓严办，五鼓就行，闻鼓声合，然后举旗。"就是下达号令，依号令行动，即孙子说的"形名"。

关于"奇正""虚实"，孙子的解释是："三军之众，可使必受敌而无败。""兵之所加，如以碬投卵者。"所谓"必受敌"就是能受得住敌人之攻击，这是"先为不可胜，以待敌之可胜"，一旦敌人不能得逞，我则适时转移攻势。一经转移攻击，即如以石击卵，攻无不克，战无不胜，这是奇、正、虚、实变化运用。

"分数""形名"都是强调本身的组织和规律。"奇正""虚实"则是击破敌人的组织和规律。在战场上两军纷纷纭纭，浑浑沌沌，打得天昏地暗时，好像很乱，而我有健全的组织和预定的规律，实际上不会混乱。并且敌我之间虽然杂沓不分，队形阵法虽然纠缠失形，但部队仍在我各级干部掌握之中，指挥并不困难，这就是孙子说的"纷纷纭纭，斗乱，而不可乱也。浑浑沌沌，形圆，而不可败也。"正因为我的一切行动都有组织、有规律，各级部队分别向其目标和任务迈进，整个部队行动一致，所以敌人不能摇撼我，而我能采取主动，观测敌人虚实，使敌随我的动作而动作，随我的移动而移动，一切战场情况，均在我全盘掌握之中，这就是孙子说的"故善动敌者，形之，敌必从之；予之，敌必取之；以利动之，以实待之"。全句强调一个"动"字，如敌我均不动，战场均势不能打破；我动敌不动，则敌人以逸待劳，我未必有绝对把握；因此我动也希望敌动，但是敌人动的位置方向应在我掌握之中，所以"形之""予之"使敌人发生错觉，向我所设定的假象去运动，我可以在敌人妄动之中，一举将之击溃。

但是，战场交锋，不但是动作的比赛，而且是力量的较量。孙子说："治乱，数也；勇怯，势也；强弱，形也。"谁能做到"数""势""形"，才能掌握战机，获得胜利。这一切都要本身具备充足的实力，所以孙子说："乱生于治，怯生于勇，弱生于强。"本身必须真正"治""勇""强"，才能有战胜敌人的把握，也才能制造"乱""怯""弱"的假象，使敌人轻举妄动，坠入我的战术部署之中。

（三）正合奇胜

孙子说："凡战者，以正合，以奇胜。"这句话成为兵家之至理名言，历来将帅无不奉为圭臬。老子曾说过："以正治国，以奇用兵。"这意思是说政治是"正"，战争是"奇"，拿这个观点来看《孙子兵法》，《始计》篇上说的"五事""七计"的常经就是"正"，所谓诡道权变则是"奇"；再逐次推展，则"伐谋"为"正"，"伐兵"为"奇"；"军形"为"正"，"兵势"为"奇"。由此可知，"正"是常道，是不变的原则，"奇"是权变，是因时、因地、因人、因事而制宜的手段，"常"与"变"相互配合，缺一不可。

作战用兵更须注意何时用"正"，何时用"奇"。关于"奇正"的注解，说法很多，曹操说："先出合战为正，后出为奇。"李筌说："当敌为正，旁出为奇。"贾林说："当敌以正阵，取胜以奇兵。"梅尧臣说："动为奇，静为正。"众人大抵都从"奇正"的本质做解释，只有何延锡说："兵体万变，纷纭混沌，无不是正，无不是奇；若兵以义举者正也，临敌合变者奇也；我之正，使敌视之为奇，我之奇，使敌视之为正；正亦为奇，奇亦为正；大抵用兵皆有奇正，无奇正而胜者，幸胜也。"这是自奇正运用来解释，用兵有正常的原则，也有非常的手段，依正常原则部署，可以"必受敌而无败"；用非常的手段，出其不意，攻其无备，则能无失敌之败。因此用险求胜谓之"奇"，佯动欺敌亦谓之"奇"，敌认为我空虚而实际上准备周全亦谓之"奇"，敌认为我实备而我却是空隙亦谓之"奇"。忽正忽奇，忽实忽虚，奇正相生，虚实相辅，所以孙子说："故善出奇者，无穷如天地，不竭如江河。""正"与"奇"是互变的，正是因为奇变正，正变奇，使人捉摸不定，无从窥知，故战场之指挥官应尽其智慧，做"奇""正"之部署，适应各种状况，作无穷之变化以取胜。

虽然孙子在《兵势》篇中强调"以奇胜"，但是断不能忽视"正"。《孙子兵法》中，向来都是以常经（正）为主体，而以权变（奇）为辅佐，奇正变化亦复如此。作战部署总有主力及侧翼、主攻及助攻，此即正兵、奇兵。正兵是主，奇兵是辅，固然正兵可以变为奇兵，奇兵亦可变为正兵，但无论如何善战，不能处处用奇兵，必要有正兵为主力，正兵当敌，奇兵袭敌。有正兵无奇兵，易为敌所乘；有奇兵无正兵，则如同以虚击实，一旦遭遇坚强抵抗，必然难逃失败之命运。所以用奇兵时，必先要考虑自己有没有用奇的条件，也就是孙子在本篇中说的"治""勇""强"，假如没有具备这些条件，勉强用奇，必画虎不成反类犬了。

第六章　致人而不致于人——虚实篇

一、原文

孙子曰：凡先处战地而待敌者佚①，后处战地而趋战②者劳。故善战者，致人③而不致于人，能使敌人自至者，利之也；能使敌人不得至者，害之也。故敌佚能劳之，饱能饥之，安能动之。

出其所不趋④，趋其所不意；行千里而不劳者，行于无人之地也；攻而必取者，攻其所不守也；守而必固者，守其所不攻也。故善攻者，敌不知其所守；善守者，敌不知其所攻。微⑤乎！微乎！至于无形；神⑥乎！神乎！至于无声，故能为敌之司命⑦。进而不可御者，冲其虚也；退而不可追者，速而不可及也。故我欲战，敌虽高垒深沟，不得不与我战者，攻其所必救也；我不欲战，虽画地而守之⑧，敌不得与我战者，乖其所之也⑨。

故形人而我无形⑩，则我专而敌分，我专为一，敌分为十，是以十攻其一也。则我众而敌寡，能以众击寡，则我之所与战者，约矣⑪。

吾所与战之地不可知，不可知，则敌所备者多，则我所与战者寡矣。故备前则后寡，后备则前寡，备左则右寡，备右则左寡，无所不备，则无所不寡，寡者，备人者也；众者，使人备己者也。

故知战之地，知战之日，则可千里而会战。不知战地，不知战日，则左不能救右，右不能救左，前不能救后，后不能救前，而况远者数十里，近者数里乎？以吾度之⑫，越人⑬之兵虽多，亦奚益于胜哉？故曰：胜可为也⑭，敌虽众，可使无斗⑮。

故策之⑯而知得失之计，作之⑰而知动静之理，形之⑱而知死生之地，角之⑲而知有余不足之处。故形兵之极，至于无形；无形，则深间不能窥⑳，智者不能谋。因形而措胜于众㉑，众不能知，人皆知我所以胜之形，而莫知吾所以制胜之形；故其战胜不复㉒，而应形于无穷㉓。

夫兵形㉔象水，水之形，避高而趋下；兵之形避实而击虚；水因地而制流，兵因敌而制胜。故兵无常势，水无常形；能因敌变化而取胜，谓之神。故五行无常胜㉕，四时无常位㉖，日有短长，月有死生㉗。

二、注解

① 佚：安详，同"逸"。

② 趋战：仓促应战，"趋"是疾行、奔赴。

③ 致人：支配敌人。

④ 出其所不趋：攻其不及救援之处。

⑤ 微：微妙，精妙。

⑥ 神：神奇，深奥。

⑦ 为敌之司命：敌之生死存亡，皆操之在我，所以我即成为敌人之命运主宰。

⑧ 画地而守：指不设防就可守住，比喻非常容易。

⑨ 乖其所之："乖"是疑异之意，即设疑异以欺骗敌人。另一说法是："乖"，背也，改变之意，把敌人引向别处，亦可通。

⑩ 形人而我无形：虚张声势，欺骗敌人，自己却不露形迹，使敌不知虚实。

⑪ 约：少而弱的意思。

⑫ 度之：忖度，推断。

⑬ 越人：越国人，越是吴的世仇。

⑭ 胜可为也：胜利是可以争取到的。

⑮ 可使无斗：使敌人无法尽全力与我交战。

⑯ 策之：策度，筹算，是根据情况分析判断之意。

⑰ 作之：挑动，观望，是试探敌人意图。

⑱ 形之：使敌之部署暴露。

⑲ 角之：与敌人较量，以试探其实力。

⑳ 深间不能窥：即使其深藏之间谍，亦无从知道。

㉑ 措胜于众：把胜利放在人们之前。"措"，放置之意。

㉒ 战胜不复：作战灵活多变，每次取胜方法都不重复。

㉓ 应形于无穷：顺形势变化而变化无穷。

㉔ 兵形：用兵的规律。

㉕ 五行无常胜："五行"，即金、木、水、火、土，相生相克，如木生火，火生土，土生金，金生水，水生木，这是"相生"；又如金盛木衰，木盛土衰，水盛火衰，火盛金衰，土盛水衰，这便是"相克"。没有一种能独盛不变。

㉖ 四时无常位：指春夏秋冬依次更替，没有哪个季节固定不动。

㉗ 月有死生：指月亮有圆缺、明暗的变化。

三、白话

孙子说：凡先到战地而等待敌人的，就居于从容主动地位，后到战地而仓促应战的，就居于疲劳被动。所以善于用兵作战者，总是支配敌人，而不被敌人支配。能使敌人来我预定之决战地点，是以利引诱的结果；要使敌人不愿来，或不敢前来，即须使敌人感到有败亡之害。所以敌人如从容安逸，就要设法使之疲于奔命；敌人如粮秣充裕，就要截其补给，使之陷于饥饿；敌人如安处不动，就要设法使其移动，以中我计。

出兵要指向敌人无法急救的地方，行动要指向敌人料想不到的地方。我军行经千里之遥而不劳困，是因为我们走在无敌人抵抗之区域；向敌人进行攻击而必然得手，是因为敌人没有想到去防守；至于我防守的地区必定很稳固，是因为我扼守敌人所不敢攻或不易攻的地区。所以，善于进攻的，能使敌人不知如何守才好；善于防守的，能使敌人不知怎样攻才好。微妙啊！微妙到看不出一点形迹；神奇啊！神奇到没有一点声息。如此，才能掌敌人之生死存亡之权。前进时，敌人无法抵挡，是由于向敌人薄弱的地方进攻；退却时，敌人来不及追，是由于我行动快速，敌人追不上。当我想要与敌人决战，敌人即使凭仗坚固城堡，也不得不出来应战，是因为我进攻的是敌人必须援救之目标；我如果不想决战，即使随便划定界限防守，敌人也无法求战，是因为我改变了敌人的注意，使得他们不得不受我的牵制。

所以虚张声势，欺骗敌人，自己却不露形迹，就能做到自己的兵力集中，而使敌人的兵力分散；如自己的兵力集中一处，敌人的兵力分散十处，这样就能以十倍的力量打击敌人，造成我人数众多而敌人人数寡少，以人数多攻击人数少，则与我交战之对象就弱小易制了。

我准备进攻敌人的地区，不能使敌人预知；敌人不知，则必处处设防备，这样与我交战的敌人数目就少了。所以，注意防备前面，后面兵力就薄弱；注意防备后面，前面兵力就薄弱；注意防备左面，右面兵力就薄弱，注意防备右面，左面兵力就薄弱；处处防备，处处兵力薄弱。敌人兵力之所以薄弱，是处处防备的结果；我方兵力之所以众多，是迫使敌人分兵防备我的缘故。

所以，能预知与敌人交战的地点、时间，即使跋涉千里，也可以与敌决战。如果既不能预知交战地点，又不能预知交战时间，则敌人攻我右翼，我不能用左翼相救；敌人攻我左翼，我不能用右翼相救；敌人攻我后队，我不能以前队相救；敌人攻我前队，我不能以后队相救。况且这前后左右，远的相隔几十里，近的相隔几里呢！依我看来，兵力即使多，对决定胜败而言，并无裨益，胜利是可以创造的，敌人兵力虽多，可使其无法用全部力量和我交战。

所以，检点策划，以求得失利害；侦察敌情，以求了解其动态规律；使敌人之部署暴露，以探求何处是死地，何处是生地；用少数兵力与敌人较量，以探明其强弱众寡。所以用兵的方法，运用到极点，能使人看不出一点形迹，即使有深藏的间谍，也无法探明我的虚实；即使有高度智谋的人，也想不出办法对付我。用灵活变化的方式取胜，人们无从了解我是怎么得胜的，人们只知道我取胜的一般原则，但不知道我怎么变化运用这些战法，所以每次交战，都不会重复旧的方式，而是适应各种情况，变化无穷。

用兵的规律像水一样。水的规律是从高向低处流，用兵的规律是避开敌人坚强之点，而攻击其虚弱之处，水因地形之高低而限制其流向，用兵也要顺应敌情变化而克敌制胜。所以，用兵没有固定不变的方法，就像流水没有固定的形状一样，能依照敌情变化而取胜，就算用兵如神了。用兵同"五行"变化一样，相生相克，又如同四季变化一样，交替更迭；也像日月一样，有缺有圆。

四、概说

（一）致人而不致于人

《虚实》篇上承《兵势》《军形》两篇，三位一体，有密切的关系，明代何守法说："《形》篇言攻守，《势》篇言奇正，善用兵者，先知攻守两齐之法，然后知奇正，先知奇正相变之术，然后知虚实，盖奇正自攻守而用，虚实由奇正而生，故此篇次于《势》为第六。"把这三篇的关系说得非常清楚，攻守须与奇正配合，奇正更须与虚实配合，才能发挥作用。

"虚实"主要在强调主动，作战贵立于主动地位，避实击虚，即以我充实之力量，击敌人不防备之处，或击敌人最虚弱之处。另一方面，我自己步步谨慎，深藏虚实，使敌人无懈可击，无机可乘，这就是"致人而不致于人"。

所谓"致人"，是依我的意思支配敌人，我之所欲，敌人虽不情愿，也不得不往；敌人所欲，虽欲往而受我之牵制不能往，这就是孙子所说的"能使敌人自至者，利之也；能使敌人不得至者，害之也"。所谓"不致于人"，即处处不受敌人支配，能进退自由自在，避敌之实，攻敌之虚，敌不能御我，也不能追我，也就是说，敌人无法捕捉我的主力决战，就是"出其所不趋，趋其所不意"。

由此看来，"致人而不致于人"含有两个原则，一是主动，一是机动。要支配敌人，必处处主动；要不受制于敌人，必时时机动，主动配合机动，使我军能抢先一步，部署于有利地位，改变敌我相对的力量关系。战场形势之改变，往往取决于主动与机动。

（二）无形无声

孙子说："微乎！微乎！至于无形；神乎！神乎！至于无声，故能为敌之司命。"所谓"为敌之司命"即是处处支配敌人，处处采取主动，这必须要做到"无形""无声"的境界，才能达到目的。"无形"是秘匿我的作战部署及作战目标，"无声"是隐蔽我的部队行动，使之无法发现我的作战路线，因此"无形无声"以迅速和秘密为条件。

对作战目标及路线保密，则敌人无法设防，自无从阻止我的行动。比如三国时，邓艾之下阴平，行七百里，而蜀汉未曾发现；拿破仑之越阿尔卑斯山脉，汉尼拔之渡沼泽无人区域进军罗马等，都是无形无声的军事行动。正因为能高度保密，才能在敌人意想不到的时间、地点出现，这就是孙子所谓的"出其所不趋，趋其所不意，行千里而不劳者，行于无人之地也"。

用兵作战，不但要秘密，而且要迅速，二者缺一不可。进攻须迅速，后退也要迅速。后退并不是中止战斗行为，而是暂时摆脱敌人，以准备另一场战斗。孙子说："进而不可御者，冲其虚也；退而不可追者，速而不可及也。"要掌握迅速原则，才能进退自如。

"无形""无声"不但用之于攻击，而且适用于防守。要"形人而我无形"，使敌人惑于我的部署，看不出我的虚实所在，找不出可攻击的部位，这就是孙子所说的"我不欲战，虽画地而守之，敌不得与我战者，乘其所之也"。用兵到这种境界，可算出神入化了。

（三）我专敌分

如果我方的部署及行动能保持高度秘密，使敌人无从判断，而敌人之部署及行动却在我鸟瞰之中，则我可以集中兵力针对敌人弱点攻击，因此在一定时间和地点，我能集中绝对优势的兵力，以大吃小。这就是孙子说的"我专而敌分，我专为一，敌分为十，是以十攻其一也"。

"我专敌分"是集中原则的运用。军事行动上所谓的集中，乃是在一定时间、空间内，将最大战斗力置于决胜点上，对敌实行决定性之打击，而发挥我全面或局部的绝对优势功效。但是，欲达到此一目的，则必先分散敌人力量，也就是妨害敌人之集中与优势。故先要以佯动、佯攻掩饰我的企图，使敌人不能明了我用兵的时间、地点，这就是孙子所说的"吾所与战之地不可知，不可知，则敌所备者多，则我所与战者寡矣"！西方兵学家李德哈特也曾说过"真正之集中，即有计划分散之结果"，可以作为孙子这句话的最好注解。

古今中外战史上以寡击众的例子很多，其所以能用少数兵力取胜，就是因为能把握集中原则，在每一个决战点上，以优势力量击败敌人，所以虽然在整个兵力上居于少数，仍能各个击破，这就是："战略上以寡击众，战术上以众击寡。"

（四）策之、作之、形之、角之

用兵作战要"不致于人"，就必须对敌人的部署有充分了解，才能分辨敌人的动作是真是假，是虚是实。必先知敌，才有制敌之可能。所以孙子提出"策之而知得失之计，作之而知动静之理，形之而知死生之地，角之而知有余不足之处"这四种测探虚实的方式。

所谓"策之"，就是根据情况分析判断。例如西汉时，黥布反，汉高祖召薛公问之，薛公说："黥布如出上策，山东非汉所有；出中策，胜败未可知；出下策，陛下可以高枕而卧。"高祖问上中下策为何？薛公说："东取吴，西取楚，并齐取鲁，传檄燕赵，此上策也；东取吴，西取楚，并韩取魏，据敖仓之粟，塞成皋之口，此中策也；东取吴，西取下蔡，身归长沙，此下策也。"高祖再问："黥布可能采取哪一种呢？"薛公判断说："必出下策。"后来果然如薛公所料，黥布之乱不久即讨平。因此，"策之"是对敌人可能采用的各种计划、部署、路线等进行研判。

所谓"作之"，是挑动、观望，由敌人之一动一静之中，测探敌人企图，或激使敌人轻举妄动。春秋时，晋楚战于城濮，楚将子玉派使者宛春对晋文公商谈和平条件，晋国大将先轸建议文公扣留使者，以激怒楚军，文公遂拘宛春，楚将子玉大怒，轻率进兵，竟遭大败。

所谓"形之"，是使敌人的兵力布署暴露原形，避开敌埋伏之死地，诱使敌人进入适于决战之生地。例如1813年，欧洲联军围击拿破仑，其作战方针即为任何一国军队受法军攻击时，不可与之决战，须且战且退，其余各国军队自两翼包围。法军向前，联军自后攻来；法军欲回头反击，联军又遁走。法军且战且走，疲于奔命，终于陷入联军包围圈中，致惨败。

所谓"角之"，是用少数兵力与敌人较量，以测探其虚实。吴起《兵法·论将》篇中说："令贱而勇者，将轻锐以尝之，务于北，无务于得。观敌之来，一坐一起，其政以理，其追北佯为不及，其见利者佯为不知。如此将者，名为智将，勿与战矣。若其众欢哗，旌旗烦乱，其卒自行自止，其兵或纵或横，其追北恐不及，见利恐不得，此为愚将，虽众可获。"可以作为"角之"的注解。

"策之""作之""形之""角之"四种行动的目的，都是在明敌之虚实。明虚实则"不致于人"，进一步还可以攻敌之虚，使其"左不能救右，右不能救左，前不能救后，后不能救前"。所以孙子豪迈地说："敌虽众，可使无斗。"

但是，我可以用"策""作""形""角"四术观测敌人，敌人也可以用同样的方式试探我，所以一方面我必须对敌人的行动体察入微，以判定其真伪，另一方面要对我自己的部署深藏不露，使敌人无从窥知真相，如孙子所言："形兵之极，至于无形；则深间不能窥，智者不能谋。"敌人对我一无所知，自无从突破我的部署。不仅敌人不知，我的左右人等，只知我用这种战法取胜，至于为什么要采用这种战法，也不完全了解，这就是"因形而措胜于众，众不能知，人皆知我所以胜之形，而莫知吾所以制胜之形"。孙子强调这点，就是说明军事部署之高度机密性，以及战场上指挥官料敌应机的变化性，其深邃奥秘，非一般人所能了解。如项羽之破釜沉舟，韩信之背水破赵，都是置之死地而后生，一般人知道这是一种能取胜的战法，但并不了解在什么情况之下，或什么条件之下才能使用。战场之变化无常，因应之道也无定法。善用兵者，决不重复使用相同的战法，一方面防敌人料算，另一方面因为每次战役之情况不同，条件不同，无法配合，这就是孙子所说的"故其战胜不复，而应形于无穷"。

（五）兵形象水

"兵形象水"是孙子论兵的至高境界，王晳注解说："水有常性而无常形，兵有常理而无常势。"水本来是没有一定的形，因不同之容器而呈现不同的形，水只有其不变的性质而没有外在形体，用兵亦复如此，有不变的原则，而无固定的方法，以水喻兵，可谓千古名言。

老子说："天下柔弱莫如水，而坚强者，莫之能胜。"使人想起《军形》篇中的"决积水于千仞之溪"，以及《兵势》篇中的"激水之疾，至于漂石者，势也"。孙子和老子一样，都对水的性质有深刻了解，也善于用水比喻潜藏威力的事物。水原本是至柔之物，"避高而趋下""因地而制流"，所以"无常形"，但是化"积水"而为"激水"则其力足以"漂石"，不但可以漂石，甚至滚滚滔滔，庐舍荡墟，有惊人的力量。水之柔，是水的本性，水之强，是一定的"势"造就的。水在静态的时候是柔，使之激荡，就转弱为强，这种激荡的过程就是"势"。

用兵之道亦是如此，"避实而击虚"如水之"避高而趋之"，

"因敌而制胜"如水之"因地而制流"。唐杜牧说："水之形因地乃有，形不在水，故无常形；兵之势因敌乃见，势不在我，故无常势。"水一定顺地势向低处流，用兵则必须顺应敌情向其虚弱处攻，敌之弱即衬托出我之强，这就是乘其弱势用我之强势。杜牧所说的"势不在我"实含有深意，强与弱原是由比较而产生的，敌弱才显出我强，敌之弱是因为我乘其虚，我"专"敌"分"，我才显出强大，因此我能"先为不可胜，以待敌之可胜"。敌人自然处处不如我，处处受我所制了。所以孙子说"能因敌之变化而取胜，谓之神"。能掌握形势，善用虚实，自然用兵如神了。

第七章　以迂为直——军争篇

一、原文

　　孙子曰：凡用兵之法，将受命于君，合军聚众[①]，交和而舍[②]，莫难于军争[③]。军争之难者，以迂为直[④]，以患为利[⑤]。故迂其途，而诱之以利，后人发，先人至，此知迂直之计者也。故军争为利，军争为危。

　　举军而争利[⑥]，则不及；委军[⑦]而争利，则辎重捐[⑧]。是故卷甲而趋[⑨]，日夜不处，倍道兼行[⑩]，百里而争利，则擒三将军[⑪]，劲者先，疲者后[⑫]，其法十一而至[⑬]；五十里而争利，则蹶上将军[⑭]，其法半至[⑮]；卅里而争利，则三分之二至。是故军无辎重则亡，无粮食则亡，无委积[⑯]则亡。故不知诸侯之谋者，不能豫交[⑰]；不知山林、险阻、沮泽[⑱]之形者，不能行军，不用乡导[⑲]者，不能得地利。

　　故兵以诈立[⑳]，以利动[㉑]，以分合为变者[㉒]也，故其疾如风[㉓]，其徐如林[㉔]，侵掠如火[㉕]，不动如山[㉖]，难知如阴[㉗]，动如雷霆[㉘]。掠乡分众[㉙]，廓地分利[㉚]，悬权而动[㉛]，先知迂直之计者胜，此军争之法也。

军政^②曰："言不相闻，故为金鼓；视不相见，故为旌旗。"夫金鼓旌旗者，所以一人之耳目^③也；人既专一，则勇者不得独进，怯者不得独退，此用众之法也。故夜战多火鼓，昼战多旌旗，所以变人之耳目^④也。

故三军可夺气^⑤，将军可夺心^⑥。是故朝气锐^⑦，昼气惰^⑧，暮气归^⑨；故善用兵者，避其锐气，击其惰归，此治气^⑩者也；以治待乱，以静待哗，此治心^⑪者也；以近待远，以逸待劳，以饱待饥，此治力^⑫者也；无邀正正之旗，勿击堂堂之阵，此治变^⑬者也。

故用兵之法：高陵勿向^⑭，背丘勿逆^⑮，佯北勿从^⑯，锐卒勿攻，饵兵勿食，归师勿遏，围师必阙^⑰，穷寇勿迫，此用兵之法也。

二、注解

① 合军聚众：指聚集民众，组成军队。

② 交和而舍："和"是军门，"舍"是宿营，指敌我两军营垒对峙之意。

③ 军争：两军争夺各种制胜条件。

④ 以迂为直：化迂回曲折之远路为直线之近路，亦近代军事上所谓之间接路线。

⑤ 以患为利：化种种不利条件而为有利。

⑥ 举军而争利：带着全军所有装备辎重行动，去争取有利之军事目标。

⑦ 委军：丢弃辎重，轻装前进。

⑧ 辎重捐：一切笨重器械装备都损失了。

⑨ 卷甲而趋："卷"是收藏，即脱下铠甲，仅以轻装疾行。

⑩ 倍道兼行："倍道"，加倍行程；"兼行"，昼夜不停，连续行军。即以两日行程做一日走。

⑪ 擒三将军：古军制分上、中、下三军，擒三将军，即三军主帅均遭俘获，即全军覆没之意。

⑫ 劲者先，疲者后：强健的走在前，疲弱的落在后。

⑬ 十一而至：只有十分之一的人，能到达目的地。

⑭ 蹶上将军："蹶"，挫败。指前军主帅可能遭到挫败。

⑮ 半至：全军只有一半的人能到达战场。

⑯ 委积：储藏准备之物资。

⑰ 豫交："豫"，与也。指与诸侯结交。

⑱ 沮泽：沼泽地带。

⑲ 乡导：向导，引路之人。

⑳ 兵以诈立："立"是成功之意。用兵须以诡诈之方法，始能成功。

㉑ 以利动：判断是否有利，才采取行动。

㉒ 以分合为变：作战时兵力之分散或集中，应依情况之变化而变化。

㉓ 其疾如风：指军旅行动快速如风。

㉔ 其徐如林：指军旅静止时肃穆严整，如林木一样。

㉕ 侵掠如火：军旅进击敌人时，如燎原烈火，猛不可挡。

㉖ 不动如山：军旅防守时，如山岳一般，不可动摇。

㉗ 难知如阴：军旅隐蔽时，如阴云遮天，使敌人无从知晓。

㉘ 动如雷霆：军旅快速行动时，如迅雷不及掩耳，使敌人无从

退避。

㉙ 掠乡分众：掳掠占领区的资财，分配兵众。

㉚ 廓地分利：将攻略而占据的土地，分封给将士。

㉛ 悬权而动：权衡情势，相机而动。

㉜ 军政：古军书，现已失传不可考。

㉝ 一人之耳目：统一全军之耳目，以求命令之贯彻。

㉞ 变人之耳目：改变方式，以适应人之耳目。另一说认为：改变方式，以眩惑敌人耳目。

㉟ 夺气：挫折士气。

㊱ 夺心：动摇决心。

㊲ 朝气锐：军旅初战时，士气旺盛，如人在早晨时精神最好一样。

㊳ 昼气惰：过了一段时期，士气逐渐怠惰，如人在日中渐感惰倦一样。

㊴ 暮气归：到了末期，士气衰竭，将士思归。如人在日暮黄昏之时，各欲归家休憩一样。

㊵ 治气者也：针对敌人的士气高低，予以打击。

㊶ 治心者也：掌握军心。

㊷ 治力者也：掌握敌我之体能力气之强弱。

㊸ 治变者也：掌握随机应变、出奇制胜之原则。

㊹ 高陵勿向：对占领高地之敌人，不要仰攻，以避免重大牺牲。

㊺ 背丘勿逆：敌人自高地冲下来，不可正面迎击，以避其锋。

㊻ 佯北勿从：敌人假装退却，不可追踪追击，以免中伏。

㊼ 围师必阙："阙"通缺，指包围敌军时要留下缺口，以免敌人力拼死战。

三、白话

　　孙子说：大凡用兵的法则，将帅受国君的命令，组织民众编成军队，到前线与敌军营垒对峙，其中最难的事莫过于与敌人争夺有利的制胜条件了。而制胜条件中最难的就是，如何化迂回曲折之远路为直线近路，如何化种种不利为有利。故意采取迂回道路，利用小利引诱敌人，我军行动虽比人迟，但到达目标比人早，这就是知道"以迂为直"的计谋。所以互争有利的制胜条件，既有其利的一面，也有其危险的一面。

　　全军人马辎重一同行动，去争夺有利目标，则必定迟缓不及；如果放下辎重行动，则必损失许多物资。因此，不带甲胄，轻装急行，日夜都不休息，以加倍的速度连续行军，赶一百里路，以争夺一个有利目标，可能三军全遭覆没，因为强健的士卒走到了，体弱的士卒掉了队，结果可能只有十分之一的人到达目的地。如果行军五十里之遥，以争夺有利目标，则可能使先头部队受到挫败，因为能赶到目的地的，只有一半人数而已。如果行军三十里之遥，则可能有三分之二的人可以到达目的地。况且军旅没有辎重就会失败，没有粮食就不能生存，没有储备物资就会使全军覆没。而且不了解列国诸侯之企图，便不能与其结交；不了解山林、险阻、沼泽等地理，便不能行军；不使用向导领路，便不能获知有利地形。

　　用兵作战要奇诡多变才能成功，要判断是否有利再采取行动，要依情况变化而决定兵力之分散或集中。军旅行动时，快速如风；

静止时，肃穆严整如林木一般；进击敌人时，如燎原烈火，猛不可挡；防守时，如山岳一样，不可动摇；隐蔽时，如乌云遮天，使敌人无从知晓；快速动作起来，如迅雷不及掩耳，使敌人无从退避。军旅在夺取占领区的资财时，要分配给兵众，攻略土地之后，要分封将士。能权衡情势，相机而动，懂得化迂回为直线的计谋者，就易得胜，这就是争取制胜条件的原则。

古代兵书上说："距离太远，声音听不到，所以用金鼓来指挥；眼睛看不清楚动作，所以用旗号来指挥。"故金鼓旗号是为了统一全军之耳目。耳目统一，行动便可一致，即使勇敢的，也不可单独前进，怯懦者，亦不可单独后退，这是指挥人数众多的军旅的方法。至于夜间作战多使用火光和鼓声，白天作战多使用旗号，这是为适应人的耳目的缘故。

打击敌军，可以挫折其士气，打击敌将，可以动摇其决心。军旅在初期作战时，具有朝气，士气旺盛；到了中期，便逐渐怠惰；到了末期，则士气衰竭，将士思归。所以善于用兵作战的将帅，先在初期避开锐气，再利用其惰怠或思归的时机，发动攻击，这是针对敌人士气的高低，予以打击。此外，以严整对混乱，以镇静对哗躁，这是掌握军心的方法。以距战场近对敌人长途跋涉，以从容整补对敌人疲困，以粮秣充足对敌人粮秣不足，这是掌握军力的方法。不要迎击旗帜整齐、部署周密的敌人，不要攻击阵容强大、实力雄厚的敌人，这是掌握随机应变的方法。

所以用兵的方法是：对占领高地之敌人，不要仰攻，以避免重大牺牲；敌人自高地冲下来，不可正面迎击，以避其锋锐；敌人伪装退却，不要去跟踪追击，以免中了埋伏；当敌人士气正旺盛的时候，不要进攻；当敌人用小部队引诱我的时候，不要去理睬；对正在班师回国的军队，不要阻挡；包围敌军时，要留下缺口，以免敌人全力死战；对陷入绝境的敌人，不要过分迫近，以免其拼死反扑；这些都是用兵应当把握的原则。

四、概说

（一）迁直患利

《军争》篇是《孙子兵法》第七篇，在《军形》《兵势》《虚实》之后安排《军争》，实含有深意。所谓"军争"即两军相峙争胜，彼此竭尽全力争取有利的制胜条件。在大兵团作战时，"军争"即会战，也就是一场决定性的大战。《军形》《兵势》《虚实》三篇侧重于战前准备、战术计划以及作战部署，《军争》篇则是阐述会战要领，即把准备、计划、部署付诸实行。战争之胜负往往系于会战之成败，所以孙子才会说："莫难于军争。"又说，"军争为利，军争为危"。会战得胜，自然是国家之利，会战失败，国家有覆亡之虞。会战关系国之存亡，主帅不可不慎，孙子以"难"喻之，并不为过。

普鲁士军事理论家克劳塞维茨曾说："只有伟大而全面化的会战，才可以产生伟大的结果。"然而，战略的真正目的，并不是全力寻求会战，而是要寻求有利的战略形势，如果这种形势还不足以产生决定性结果时，再继之以会战的手段去解决，孙子的看法正是如此。"军形""兵势"侧重战略形势的建立、培养、转移，"虚实"则着眼战术之掌握、运用、变化，这一切部署达到成熟时机的时候，才施以会战，会战好像是一个战略行动的自然结果。

孙子说的"军争之难者，以迂为直，以患为利"，将会战要领一语道破。近代西方兵学家李德哈特研究了二十五个世纪的三十次大战，包括二百八十次以上个别战役的结果，发现其中只有六次战役采取直接路线获得成功，其余各次均为间接路线的实践，由此可以证明孙子的"以迂为直，以患为利"实有先知之明。"迂"与"直"相反，"患"与"利"相背，直不可得，即以迂取之，利不可得，以趋害之方法诱敌，冀由小害而得大利。我国历史上以迂为直的例证很多，汉韩信之"明修栈道，暗渡陈仓"，魏邓艾之"七百里下阴平"，最能作为这种战例的典型。

"以迂为直，以患为利"就是选择期待性最小、抵抗力最弱的作战路线，亦即敌人在心理上认为某方面为我采取行动可能最小的一条路线，因而有恃无恐，配置自然薄弱。通常这种路线，多半地形特别困难，或天然障碍特别险阻，但是，人为的抵抗，也相对减少。诚如李德哈特所说："天然的障碍，无论如何险阻，但其危险总比一次无把握的战斗来得好些。任何条件都可计算，任何障碍都可克服，只有人类的抵抗无法估计。"

所谓作战路线，并不是一条严格的几何学上的线，而是由出发点到作战目标之间，预定的一条观念上的线，换言之，即部队在运动行进时，所应保持的一个方向。"迂""直""患""利"是在会战前，对作战路线予以适当的选择，这是进行会战的基本要件。先以小利诱敌，以转移其注意及戒备，待敌人已受我牵制，立刻发动迂回行动，或击其两翼，或抄其后背。这种迂回行动是在牵制布署完成之后开始的，但必须行动积极迅速，在敌人对我的正面施压之前，达到作战目标，才能发挥以迂胜直的功效。所以孙子说："故迂其途，而诱之以利，后人发，先人至。"因此，"后发先至"是迂回作战的必要条件，能掌握这个要点，必能制敌机先，获得胜利。

（二）军争之法

会战是大兵团之作战，双方都希望在一定的时间内，集结足够的兵力，因此速度成为发挥机动力量的要件。拿破仑曾说："所谓机动者，乃行军十二里实行会战，然后再追击十二里耳。"《孙子兵法》上再三强调速度之重要，看《作战》《军形》《兵势》《虚实》便可知道。但在《军争》篇中，孙子则力言强行军之弊，用百里、五十里、三十里的距离，计算所能集结的兵力。古代道路不良，甲胄行军以每日三十里为常法，弃辎重而强行军百里，只有十分之一能到作战位置，五十里则只有一半能到达，三十里则只能集结三分之二兵力。距离愈远，加速行军，所集结兵力数量愈少，战斗力也相对降低，所以孙子以"擒三将军""蹶上将军"为警告。由此可知，速度固然重要，但是战斗力之保持更应注意。作战是力量之较量，有速度而无力量，譬如强弩之末，连缟布也不能穿透，是用兵之大忌。

长途行军在交通不便的古代是耗损战斗力的致命伤，克劳塞维茨在《战争论》上曾这样说："行军对兵力所生的消耗作用，极为显著。……试观莫斯科战役，便可知精锐的法军是怎样的困苦了。拿破仑于1812年6月24日，趾高气扬地渡过尼门河时，所统率的兵员共有三十万一千人，到斯摩棱斯克时，尚有十八万二千人，到莫斯科时，仅剩十一万人了。"由这个例子看来，孙子所提出的警告实在是先见之明。

孙子在军争之法中提出六样应注意的事，即"辎重""粮食""委积""豫交""地形""乡导"，前三项均有关后勤补给。大兵团行动，后勤补给至为重要，如发生问题，其后果不堪设想，拿破仑攻俄可为明证。因此孙子说："军无辎重则亡，无粮食则亡，无委积则亡。"连续用三个"亡"字强调其严重性。至于"豫交"，是指第三国之态度，作战区域如在国境之外，则对于军旅经过之国家，须了解其立场态度，以免节外生枝。军旅出征在外，国内空虚，邻国之立场态度更应注意，以免发生意外。至于"地形"及"乡导"则是对会战地区及作战路线地理状况之认识，若不能善用地形、地物，既不能行军，更无法战斗。

至于会战过程中，指挥官运用部队作战的要领，孙子也举出六个准则："疾如风""徐如林""侵掠如火""不动如山""难知如阴""动如雷霆"，这是说部队行动要快速如风，静止时肃穆严整如林木无语，进击时如燎原烈火，防守时如山岳难撼，隐蔽时如阴云遮天，快速动作时如迅雷不及掩耳。日本战国时代的将军，武田信玄，最钦服孙子这几句话，他把"疾如风、徐如林、侵掠如火、不动如山"四句话绣在军旗上作为号志。

再次，关于战术运用及战利品分配方面，孙子也提出六项原则，即"以诈立""以利动""以分合为变""掠乡分众""廓地分利""悬权而动"。所谓"以诈立"就是欺敌，"以利动"就是有利始动，不轻举妄动，"以分合为变"就是视战场状况，或分散兵力，或集中兵力。至于"掠乡分众、廓地分利"两句，是指战利品及占领区土地之分配。古代作战，对征服地区之人民、财产均视为战胜者所有，分赏将士，自能激励士气。古今时代不同，自不能以此责孙子。至于"悬权而动"是着眼全局，权衡轻重，相机而动。

总括起来，孙子从"辎重、粮食、委积、豫交、地形、乡导"，说到"风、林、火、山、阴、雷"，再讲到"诈立、利动、分合、分众、分利、权动"，然后以"先知迂直之计者胜"作为"军争之法"的总结，可见孙子始终是着眼于"以迂为直"的间接路线思想，为其大兵团会战之指导原则的。

（三）四治八戒

四治是："治气""治心""治力""治变"，这是在战场上掌握战机的四项要诀。"气"是精神，"治气"即一方面保持自己的旺盛精神，另一方面趁敌人精神松弛时，一举溃之。孙子以"朝气、昼气、暮气"作为比喻，形容战场上士卒的精神状态。春秋时鲁国《曹刿论战》中的"一鼓作气，再而衰，三而竭"，道理和孙子一样。善用兵之将帅，一定避开敌人之锐气，再乘第二第三回合，敌人惰气渐盛、暮气沉沉之时取胜。

"治心"是心理上不忧不惧，士气奋发。孙子说"以治待乱，以静待哗"，这个"待"并不是单方面的期待。两军对阵，绝不能一味期待对方哗乱，"待"是意味着坚持不变，可以泰然待敌，从容应战。

"治力"是掌握战斗力，一方面保持我充沛之战力，一方面消耗敌人之战斗力。"以近待远，以逸待劳"是先占据有利的战略目标，"以饱待饥"是确保自己的补给，截断敌人的补给。

至于"治变"，是针对敌情、掌握变化，要看清楚什么情况可战，什么情况不可以战，不可战时，不应勉强求战，这就是孙子所说的"无邀正正之旗，无击堂堂之师"。

"四治"之外，孙子还提出"八戒"，以作将帅用兵之戒忌。"八戒"是："高陵勿向、背丘勿逆、佯北勿从、锐卒勿攻、饵兵勿食、归师勿遏、围师必阙、穷寇勿迫。"所谓"高陵勿向、背丘勿逆"是我在地形上不利时，不必强行进击，以免伤亡过多。"佯北勿从"是防敌人施诈，"锐卒勿攻"是避其锋芒，"饵兵勿食"是防敌人利诱牵制，"归师勿遏、围师必阙、穷寇勿迫"则是防敌人拼死力战，或乘势反扑。不过，这八种戒忌都是一般性的常态原则，战争中时有非常手段之运用，不可拘泥兵法，一成不变。

第八章　为将之道——九变篇

一、原文

　　孙子曰：凡用兵之法，将受命于君，合军聚众；圮地^①无舍^②，衢地^③合交，绝地^④无留，围地^⑤则谋，死地^⑥则战，途有所不由^⑦，军有所不击，城有所不攻，地有所不争，君命有所不受。故将通于九变^⑧之利者，知用兵矣。将不通于九变之利者，虽知地形，不能得地之利^⑨矣。治兵不知九变之术，虽知地利，不能得人之用^⑩矣。

　　是故智者之虑，必杂于利害^⑪，杂于利而务可信^⑫也，杂于害而患可解^⑬也。是故屈诸侯者以害^⑭，役诸侯者以业^⑮，趋诸侯者以利^⑯。

　　故用兵者，无恃其不来，恃吾有以待之^⑰；无恃其不攻，恃吾有所不可攻^⑱也。

　　故将有五危：必死可杀^⑲，必生可虏^⑳，忿速可侮^㉑，廉洁可辱^㉒，爱民可烦^㉓；凡此五危，将之过也，用兵之灾也。覆军杀将，必以五危，不可不察也。

二、注解

① 圮（pǐ）地："圮"，毁坏的意思。难于通行的地区叫圮地。《九地》篇："行山林、险阻、沮泽，凡难行之道者，为圮地。"

② 舍：宿营。

③ 衢地：四通八达的地区。

④ 绝地：指交通困难，给养困难之地区。《九地》篇："去国越境而师者，绝地也。"

⑤ 围地：指四面地形险阻，敌可往来，我难出入之地。又被人四面围困，亦称围地。

⑥ 死地：指后退无路，非死战难以生还之地。《九地》篇："疾战则存，不疾战则亡者，为死地。"又说："无所往者，死地也。"

⑦ 途有所不由：有的道路不要通过。

⑧ 九变：王阳明曰："九者数之极，变者兵之用。"古人以"九"为最多的意思，当形容词用，"九变"即指千变万化。另一种说法是指：圮地无舍、衢地合交、绝地无留、围地则谋、死地则战、途有所不由、军有所不击、城有所不攻、地有所不争、君命有所不受，计九种变化。

⑨ 不能得地之利：不能获得地形利用之效果。

⑩ 不能得人之用：不能发挥军旅之效用，此处之"人"，系指军旅而言。

⑪ 杂于利害：同时考虑利害两方面。"杂"是掺杂之意。

⑫ 杂于利而务可信：在不利的状况中，考虑有利的一面，可以增强信念，全力以赴。

⑬ 杂于害而患可解：在有利的状况中，考虑有害的一面，可以解除隐患，化险为夷。

⑭ 屈诸侯者以害：用诸侯害怕的事，使其屈服于我。

⑮ 役诸侯者以业：曹操注："业，事也。"杜佑注："能以事劳役诸侯，令不得安佚。"杜牧注："言劳役敌人，使不得休。"就是用种种手段，使诸侯纷乱内顾不及，无暇管别人的事。

⑯ 趋诸侯者以利：诱之以利，使诸侯前来归附。

⑰ 恃吾有以待之：要靠自己有万全准备，严阵以待。

⑱ 恃吾有所不可攻：要靠自己有敌人无法攻破的力量。

⑲ 必死可杀：只知死拼，如暴虎冯河，可能遭敌用计诱杀。

⑳ 必生可虏：贪生怕死，临阵畏怯，可能遭敌俘虏。

㉑ 忿速可侮："忿"，易怒。"速"，易躁。性子急躁，又轻易发怒，则可能难受侮辱而轻举妄动。

㉒ 廉洁可辱：廉洁好名，则可能经不起诽谤，失去理智。

㉓ 爱民可烦：慈众爱民，唯恐杀伤士卒，则可能经不起敌人烦扰，陷于被动。

三、白话

孙子说：大凡用兵的法则是，将帅受国君的命令，征集民众，组成军旅。在难以通行的地区，不可宿营；在四通八达的地区，要注意与邻国结交；在交通、给养困难的地区，不可滞留；在四面地形险阻，或敌人四面包围时，要速为计谋；在后退无路的地区，要拼力死战。行进时，有的道路不要通过；有的敌军不要攻击；有的城邑不要攻占；有的地区不要争夺；国君的命令，如不利于战争，也可不接受。所以，为将帅的，能通晓各种权变的益处，可以算是懂得用兵了。如将帅不了解各种权变的益处，虽然知道地形情况，但是不能获得地形利用之效果。治理军旅如不明了各种权变的方式，虽然知道地形利用之效果，但是不能发挥军旅之效用。

所以明智之将帅，在考虑问题的时候，必定同时兼顾有利与有害两方面。在不利的状况中，考虑有利的一面，可以增强信念；在有利的状况中，考虑有害的一面，可以解除隐患。因此，用诸侯害怕的事，使其屈服我；用种种方式使诸侯纷乱，内顾不暇；再以利益去引诱，使诸侯归附我。

所以用兵的法则是，不要寄望于敌人不会来，而要依靠自己有万全的准备，严阵以待；不要寄望于敌人不会进攻，而要靠自己有敌人无法攻破的力量。

将帅有五项最危险的事：只知死拼，如暴虎冯河，就可能遭敌所杀；贪生怕死，临阵畏怯，就可能遭敌俘虏；性子急躁，又轻易发怒，就可能受不了凌侮；廉洁好名，就可能经不起诽谤；慈众爱民，则可能被敌人烦扰。这五项危险，都是将帅易犯的过失，也是用兵作战的大害。军队瓦解，将帅伤亡，往往是这五项危险造成的，不可不仔细反省察考。

四、概说

（一）通九变

将帅是军旅之中枢，负战争成败之重任。将帅用兵才能卓越，国家的安全就没有顾虑，如果将帅能力有限，不但丧师败绩，而且有使国家覆亡之可能，因此孙子特别重视将领的才能，在《作战》篇中说："故知兵之将，民之司命，国家安危之主也。"在《谋攻》篇中说："夫将者，国之辅也。辅周，则国必强；辅隙，则国必弱。"都是强调将帅对国家之重要性。除此之外，在《始计》篇中，孙子曾说："将者，智、信、仁、勇、严也。"这是举出为将者必须具备的五项基本武德。但是智、信、仁、勇、严是属于将帅的个人修养方面，用兵作战，尔虞我诈，千变万化，仅凭武德是不够的，所以孙子一再说"悬权而动""因敌变化"，就是阐明将帅应针对状况，随机应变。《九变》篇所说的，就是在各种地形下，将帅应变的考虑。

"九变"的解释，历来各家并不一致，大体分为两种，一是把"九"当成多数，"九变"即千变万化之意；一是把"九"当成实数，即指孙子说的"圮地无舍、衢地合交、绝地无留、围地则谋、死地则战、途有所不由、军有所不击、城有所不攻、地有所不争、君命有所不受。"但是，伤脑筋的是孙子明明举出十项，如何能与"九"相符合？因此，有人认为"城有所不攻、地有所不争"是一回事，可以合为一项。也有人认为"君命有所不受"这一项，是总结前九项，应独立在外，所谓"九变"是指前九项而言，不包括"君命有所不受"。这些说法各有各的道理，不必论断其是非。就全文精神来看，"九变"的重点是放在"变"上，不是在于"九"这个数字，因此我们应从"变"的观点上来看为将之道。

孙子特别重视地形，自《军争》《九变》到《行军》《地形》《九地》都谈到地形的问题，而且愈讲愈详细，对每一种地形都从战略及战术方面加以分析。因此本篇中涉及的五种地形："圮地""衢地""绝地""围地""死地"在《九地》篇中都有很仔细的说明，所以孙子只举出在这些地形中，应采取何种行动，而没有进一步解释这些地形的特点。

至于"途有所不由，军有所不击，城有所不攻，地有所不争，君命有所不受"，则是在五种不同情况下的变通。前四项，着眼于战术及战略的考虑，有些道路不能走，有些敌军不能击，有些城邑不可攻，有些地区不宜争，都是为了得之无益于全局。将帅在战场上要作全盘的考量，不能单就一点衡量，这就是从战略或战术观点上观察全局。所以孙子说："将不通九变之利者，虽知地形，不能得地之利矣。治兵不知九变之术，虽知地利，不能得人之用矣。"

关于"君命有所不受"这一点，乃是强调战地指挥官把握战机的运用，并不是事事可以不受命。孙子在《地形》篇上说："故战道必胜，主曰：无战，必战可也。战道不胜，主曰：必战，无战可也。"将帅身处战场，自能从战况变化中看出虚实所在，"不受命"是为了军旅、国家的安全，也是一时之权变，并不是随随便便就可以抗命的，否则就成为叛逆，绝非孙子心目中的将帅了。

（二）明利害

将帅身处战场，指挥大军作战，最紧要的是考虑各种状况，作出判断。在考虑的过程中，当然以趋利避害为着眼点，但是过分重视利的追求，就易犯只见其利不见其害的毛病。孙子在《兵势》篇中说："能使敌自至者，利之也，能使敌不得至者，害也。"在《军争》篇中说："兵以诈立，以利动。"我之所以往，是因为有利于战局，敌之所以来，也是因为敌人认为他的行动可以占有利的地位。究竟谁真能得到"利"呢？或者谁是"以利诱之"，使对方坠入陷阱而无所知呢？况且，战略的部署有其长远的一面，眼前之利，在种种情势改变之后，往往反成其害，而眼前之害，往往又变成日后之利。对于利害之权衡分辨，是将帅必须深谋远虑、妥为考量的事。

孙子在本篇中提出"智者之虑，必杂于利害"的观点，即将帅对各种情况之思虑，必居利思危，处害思利，同时将利害两面来予以考量。其实，不仅将帅应该如此，在日常生活中的一般人，也应该有这种思维的方式，利中必有害，害中必有利，天下无尽善尽美、有利无害的事，要利害互相比较，才能有正确的判断。所以孙子分析利害两者，说："杂于利而务可信，杂于害而患可解。"在不利的状况之下，把握其有利因素，虽极其微小，只要信心十足，仍有成功之可能。例如东晋淝水之战，汉光武昆阳之捷，在兵力上、形势上，实无一利可言，终能扭转形势化害为利，取得决定性的胜利，这就是"杂于利而务可信"。相反地，失败的一方，虽处处占据有利的条件，但是只见其利不见其害，大意轻敌，终遭惨败，这就是没有遵循"杂于害而患可解"的原则，积小害而成大患，终致无可挽回。因此，为将帅者应于害中掌握有利因素，于利中检讨有害之处，掺杂计划，才能做出正确明智之判断。

（三）知五危

孙子说："将有五危：必死可杀，必生可虏，忿速可侮，廉洁可辱，爱民可烦。"这五项是针对将帅性格上的弱点而说的。第一种是只知抱必死的决心，而不知针对情况合理处置，作战时拼死向前，很容易就牺牲了，因此说"可杀"。第二种是贪生怕死，很容易遭敌俘虏，因此说"可虏"。第三种是性子急躁，又轻易发怒，很容易因难受侮辱而轻举妄动，因此说"可侮"。第四种是廉洁好名，为了保持自己的令名，经不起诽谤，很容易失去理智，因此说"可辱"。第五种是慈爱宽厚，唯恐杀伤部属，不能采取果敢行动，很容易遭敌人烦扰，因此说"可烦"。这五种都是将帅性格上的弱点，而这些弱点常可能成为失败的关键，所以孙子接着说："覆军杀将，必以五危。"

左宗棠论用将说："凡将有五危、六败、十过。所谓五危者：志存必死者，可诱而杀；贪生者，可饵而虏；忿速者，可侮；廉洁者，可辱；爱民者，可烦。六败者：不量强弱，本乏刑德，素失训练，轻喜易怒，法令不行，不择骁果。十过者：勇而轻身者，可暴也；性急而心速者，可久也；贪而好利者，可遗也；仁而不忍者，可劳也；智而心却者，可窘也；信心而轻人者，可诳也；廉节而不侮人者，可侮也；有智而迟缓者，可急攻也；刚愎而自用者，可争也；懦而喜用人者，可欺也。"大体上不出孙子所说的"五危"的范围，可见将帅这些性格上的弱点，以及其所造成的后患，是古今名将所公认的。

有人在论及将帅之修养时说："凡是一个领导者，无论在智识能力，尤其是性格上，必须时时保持其均衡不偏才行，这当然是不容易的事。因为凡是有才干的人，必然是有其个性的，要求得其不偏不激，合乎中庸持平，是很难的，如果他能时时注意自己的个性，而能不使其过度放纵不羁，且以保持平衡自勉，亦就得益非少了。这平衡两字，如用我国古语：'我心如秤，不能为人作轻重'来解释，庶几近之。"这段话适足以做"五危"之针砭，将帅之有"五危"，是由于性格上有偏执倾向，唯有在修养上自我检讨和改进，才能逐步校正，而校正之道，即以身心平衡为首要，如果做不到这一点，那实在是"将之过也，用兵之灾也"。后果之严重，可以想见。所以，将帅不但在战场上要沉着冷静，即使在平时亦应时刻留意，深自省察。

第九章　处军相敌——行军篇

一、原文

　　孙子曰：凡处军相敌^①，绝山依谷^②，视生处高^③，战隆无登^④，此处山之军也。绝水必远水^⑤，客^⑥绝水而来，勿迎于水内，令半济^⑦而击之利。欲战者，无附于水^⑧而迎客，视生处高，无迎水流^⑨，此处水上之军也。绝斥泽^⑩，惟亟去^⑪勿留，若交军于斥泽之中，必依水草，而背众树^⑫，此处斥泽之军也。平陆处易^⑬，右背高^⑭，前死后生^⑮，此处平陆之军也。凡此四军之利^⑯，黄帝之所以胜四帝^⑰也。

　　凡军好高而恶下^⑱，贵阳而贱阴^⑲，养生处实^⑳，军无百疾，是谓必胜。兵陵隄防，必处其阳，而右背之，此兵之利，地之助也。上雨水沫至^㉑，欲涉者，待其定也。凡地有绝涧^㉒，天井^㉓，天牢^㉔，天罗^㉕，天陷^㉖，天隙^㉗，必亟去之，勿近也；吾远之，敌近之，吾迎之，敌背之。军旁有险阻，潢井^㉘，蒹葭^㉙，林木，翳荟^㉚者，必谨覆索之^㉛，此伏奸之所也。

　　敌近而静者，恃其险也。远而挑战者，欲人之进也。其所居易者，利也㉜。众树动者，来也。众草多障者，疑也㉝。鸟起者，伏也。兽骇者，覆也㉞。尘，高而锐者㉟，车来也；卑而广者㊱，徒来也；散而条达者㊲，樵采也；少而往来者，营军也㊳。辞卑而益备者㊴，进也。辞强而进驱者㊵，退也。轻车先出其侧者，阵也。无约而请和者㊶，谋也。奔走而陈兵者，期也㊷。半进半退者，诱也㊸。仗而立者，饥也。汲而先饮者㊹，渴也。见利而不进者，劳也。鸟集者，虚也㊺。夜呼者，恐也㊻。军扰者，将不重也㊼。旌旗动者，乱也㊽。吏怒者，倦也㊾。杀马肉食者，军无粮也。悬甀不返其舍㊿者，穷寇也。谆谆翕翕，徐与人言(51)者，失众也。数赏者，窘也(52)。数罚者，困也(53)。先暴而后畏其众者(54)，不精之至(55)也。来委谢者，欲休息也。兵怒而相迎(56)，久而不合，又不相去，必谨察之。

兵非贵益多，唯无武进(57)，足以并力料敌取人而已(58)。夫唯无虑而易敌(59)者，必擒于人。

卒未亲附而罚之，则不服，不服则难用。卒已亲附而罚不行，则不可用。故令之以文(60)，齐之以武(61)，是谓必取(62)。令素行(63)以教其民，则民服，令不素行以教其民，则民不服；令素行，与众相得(64)也。

二、注解

① 处军相敌：“处”，处置、部署；“相”，观察、判断。意即军旅在各种地形上之部署要领，以及对敌情之观察判断。

② 绝山依谷：“绝”是横渡、穿越，军旅越山而行时，宜沿

谷地前进。

③ 视生处高："视"，面向；"生"，指可攻可守，进退自如之生地。意即军旅应注意生地，以及部署高地。

④ 战隆无登："隆"，高也，"战隆"即敌人先占高地为阵。"无登"，勿做正面仰攻。

⑤ 绝水必远水："绝水"，横渡河川；"远水"，迅速远离河川。

⑥ 客：指敌军。

⑦ 半济：一半已渡河上岸，一半尚在水中。

⑧ 附于水：以兵力沿河岸配置。

⑨ 无迎水流：不要逆着水流在敌军下游布阵。

⑩ 绝斥泽："斥泽"即含碱之海滨地带或沼泽地带；"绝"，穿越之意。

⑪ 惟亟去："惟"，宜也；"亟"，急也。宜迅速离开。

⑫ 背众树：背依树林，面向沼泽，择较有利之地位。

⑬ 平陆处易："易"，平坦之地。意即在平原地带作战，宜择平坦地势部署，以利车战。

⑭ 右背高：指占右翼高地为依托，另一说：背靠高地为上，"右"，上也，古以右为上。

⑮ 前死后生："死"，下也；"生"，高也。《淮南子·地形训》："高者为生，下者为死。"

⑯ 四军之利：指上述山、水、沼泽、平陆四种地形之部署原则。

⑰ 四帝：四方部落首领。曹操注："黄帝始立，四方诸侯无不称帝，以此四地胜之也。"

⑱ 好高而恶下：宜高处，忌低下，取其空气流通之意。

⑲ 贵阳而贱阴：此处"阴阳"系指方向而言，东、南为阳，西、

北为阴。取其光线充足之意。

㉑ 养生处实：指军旅处于身心健康、粮秣充实之状态。

㉑ 上雨水沫至：上流降雨，而流下泡沫时，乃水势泛滥之征候。

㉒ 绝涧：绝壁断崖之溪谷。

㉓ 天井：四面高峻、中间低洼之凹地。

㉔ 天牢：险山环绕、易入难出之地，形如牢狱一般。

㉕ 天罗：荆棘丛生、进退不便、刀矛剑戟不便使用之地，形如罗网一般。

㉖ 天陷：地势低洼、沟渠纵横、泥泞流沙、易陷人马之地，形如陷阱一般。

㉗ 天隙：两山之间狭长谷地，只有一隙可见天日。

㉘ 潢井：水草丛生之沼泽。

㉙ 蒹葭：芦苇蔓生之处。

㉚ 翳荟：野草苍郁之处。

㉛ 谨覆索之：谨慎地、反复地搜索。

㉜ 其所居易者，利也：指敌军不居险要，而在平坦之地部署，必另有其用意。

㉝ 众草多障者，疑也：敌人在杂草丛生之处，设有许多障蔽物，是企图故布疑阵。

㉞ 兽骇者，覆也：见兽类骇奔走逃，必有敌人来潜袭我。曹操注："来覆我也。"

㉟ 尘，高而锐者：尘土向高处飞扬，而且成尖形。

㊱ 卑而广者：尘土低扬，而面积广者。

㊲ 散而条达者：尘土分散各处，像树枝一样向上伸展，这是敌军在伐木采樵。

㊳ 少而往来者，营军也：尘埃少扬，且见敌军往来其间，是敌人从事营舍工事。

㊴ 辞卑而益备者：指敌人之使者言辞谦卑，但实际上却加紧备战。

㊵ 辞强而进驱者：敌人之使者言辞强硬，并且在行动上摆出进迫之姿态。

㊶ 无约而请和者：敌之使者未提出保证或交换和约，仅口头言和，此必另有计谋。

㊷ 期也：有所期待之意，即敌人可能在等待支援，合力攻我。

㊸ 诱也：引诱我深入，或牵制我主力。

㊹ 汲而先饮者：自井中打水，而役夫自己先饮用。

㊺ 鸟集者，虚也：飞鸟群集敌营，是表示敌人已退，营地空虚。

㊻ 夜呼者，恐也：敌军夜半惊叫，乃恐惧不安。

㊼ 军扰者，将不重也：敌军紊乱无秩序，是其将帅没有威严。

㊽ 旌旗动者，乱也：指挥用的旗帜摇摆不定，是敌军队伍混乱。

㊾ 吏怒者，倦也："吏"是基层干部，俸薄而事烦，干部易怒，系疲惫之现象。

㊿ 悬甀不返其舍："甀"，炊事用之瓦器，"悬甀"即悬于壁上或悬于树上，即弃置不用，抛弃炊具，觅食于野外。

(51) 谆谆翕翕，徐与人言："谆谆"，反复叮咛；"翕翕"，神情不安；"徐"，柔而无威。

(52) 数赏者，窘也：一再犒赏士卒，这是将帅对其士卒已无办法。

(53) 数罚者，困也：一再处罚士卒，这是将帅对士卒之统御有困难。

(54) 先暴而后畏其众者：先对士卒凶暴，后来又畏惧士卒反抗。

⑤ 不精之至：最不聪明；不聪明之至。

㊏ 兵怒而相迎：敌军气势汹汹前来迎战。

㊐ 武进：恃勇轻进。

㊑ 足以并力料敌取人而已：只要集中力量，算准敌人虚实，乘势取胜敌人就可以了。

㊒ 无虑而易敌：不深谋远虑，且轻视敌人。

㊓ 令之以文：曹操注："文者，仁也"，即教之以仁义礼智信。

㊔ 齐之以武：曹操注："武者，法也"，即训之以军法、军纪，以齐一动作。

㊕ 必取：必可取胜之军。

㊖ 素行：指平素认真施行，贯彻命令。

㊗ 相得：相互契合，相互信赖。

三、白话

孙子说：凡军旅部署作战和观察判断敌情，应注意在越山而行时，要沿谷地前进；要注意可攻可守之地，以及可供部署之高地。如敌人先占据高地，切勿作正面之仰攻，这是在山地作战时的部署原则。横渡河川后，必迅速远离河岸，以免为敌所乘；敌人如渡河来攻，切勿迎击于水中，等其一半已上岸，一半尚在水中时，发动攻击才有效；如果要与敌军决战，不要沿河岸配置兵力迎战，而要在河岸高地部署，更不要逆着水流，在敌军下游布阵，这是在河川地区的作战原则。横越沼泽地区，应迅速离开，不要停留；如在沼泽地区作战，一定要占水草茂盛之地，最好背依树林，这是沼泽地区作战布署原则。如在平原作战，应在地势平坦之处部署，右翼或背依高地，以地形前低后高为良好，这是平原作战之要领。以上四种作战部署之原则，是远自黄帝时代就遵循的，其所以能战胜四方，都是依照这些原则。

　　大凡军旅驻扎，总以高处为优，低处为劣；以阳光充足为优，以阴暗潮湿为劣。军旅处于身心健康，粮秣充足之状态，不致滋生疾病，就有取胜之把握。在丘陵或堤防部署时，应背依高地，面向敌人，这是借地形掩护，有使敌人无法攻我侧背的优点。上流降雨，则下游水流必有泡沫，要渡河时，必等水势稳定后才可。大凡地形如遇到：绝壁断崖之溪谷；四面高峻，中间低洼之凹地；险山环绕，易入难出之地区；荆棘丛生，进退不便，刀矛剑戟不便使用之地区；地势低洼，泥沙沮洳，易陷人马之地区；两山之间狭长谷地等，一定要尽速离开，不可接近。我军远离这种地区，敌军可能会接近这种地区，如我军发动进攻，则可迫使敌军退入这种区域。行军时，如旁有险阻地形、沼泽地区、芦苇蔓生之处、树林、野草丛生之所，一定要谨慎地，反复地搜索，这些都是奸细易于藏身的地方。

　　敌军距我很近而能保持镇静，是依仗其有险要地形。敌军距我很远而又前来挑战，是企图诱我前进。敌军不居险要，而在平坦之处部署，必有其自以为利之处。林中有很多树木摇动，是有敌人来。在杂草丛生处，设有许多障蔽物，是敌人故布疑阵。见鸟雀突然飞起，是有敌人埋伏。见兽类奔逃，是有敌人来袭。至于尘土，如高扬而且呈尖形，是兵车前来；如低扬而面积广者，是兵卒前来；如散开而像树枝一样，是敌军在伐木采樵；如尘埃少扬，士卒往来其间，是敌军在做营舍工事。如果敌人的使者言词谦卑，但军旅积极备战，这是向我进击的预兆。敌人使者如言词强硬，并且在行动上摆出进迫之姿态，这是后退的预兆。敌人如先派出战车占住两侧，是准备列阵和我决战。没有提出保证或和约，仅口头言和，则敌人必有计谋。如车马往来奔驰列阵，则敌人必有所期待。又像进击，又像防守，则敌人必欲引我深入。敌人之士卒如需倚仗才能站立，这是因饥饿而无力气。敌人取水，而打水之人自己急着先喝，这表示敌军缺水。敌人见利而不行动，表示军力疲惫。飞鸟群集敌营，表示敌人已经离开。敌军夜晚呼叫不止，表示敌人恐惧不安。敌军紊乱无秩序，表示将帅没有威严。敌军旗帜摇摆不稳，表示其队伍已经混乱。敌军干部急躁易怒，表示厌倦作战。敌军杀马而食，表示已经缺乏粮食。敌军抛弃炊事用具，表示已经陷于困境。敌军将帅对其士卒反覆叮咛，神情不安，柔弱无威，表示已得不到拥护。一再犒赏其士卒，表示已无办法。一再处罚士卒，表示将帅统御有困难。先对士卒凶暴，以后又怕士卒反抗，这是最不聪明的将帅。敌人借故派使者来谈判，表示其欲休战。敌人气势汹汹前来，久不与我接战，又不退去，必有计谋，宜谨慎观察。

用兵作战，并不在于兵愈多愈好，只要不轻敌躁进，就可以集中力量，算准敌人之虚实，乘势取胜。无深谋远虑，而又轻视敌人的，必遭敌所擒。

将帅在士卒没有亲近依附时，就施以重罚，必不会心服，不心服，就难以用来作战。士卒已经亲近依附后，该罚而不罚，则同样也不能用来作战。所以，要教之以仁义，训之以军法，才能成为必可取胜之军旅。平常认定施行，贯彻命令，则士卒心服；平素不施行教诲，则士卒不心服；教化施行，命令贯彻，则将帅与士卒能互相契合，互相信赖。

四、概说

（一）处军四法

《行军》篇是《孙子兵法》第九篇，这个"行军"的意思，并非今日所谓将部队从某地行进至另一处，而是阐述军旅在"山地""河川""沼泽""平陆"四种地形的用兵原则，以及三十三种观察敌人虚实的方法，即孙子在本篇起首说的"处军相敌"。"处军"是部署军队，"相敌"是观察敌情，都是用兵作战时，将帅必应知晓的要领。

关于"处山之军"（山地作战），孙子主张要"绝山依谷，视生处高"，即靠近山谷前进，同时占据制高点。依山谷进军的好处是，谷内有村落水草，既可休息人马，又可避敌视线；占据制高点是便于瞰制敌人，保持警戒，以便于军旅进出。但是，当敌人已先占高地，居高临下时，不要勉强仰攻，须设法迂回，这就是"战隆勿登"，孙子在《军争》篇中也说过"高陵勿向，背丘勿逆"的话，意思上是一样的。古代作战，全仗人力、畜力，先占高险之地，自然据优势地位。

关于"处水上之军"（河川战），孙子认为部队在渡河之前和渡河之后，其集结位置要与河川保持适当的距离，不能距离河川太近，以利兵力之机动，这就是"无附水而迎客"。其次，在部署时要选择河川上游，而且先要占据河岸附近的高地，这就是"视生处高，勿迎水流"。假如敌人渡河向我攻击，不要到河岸边迎击，等敌人渡河一半，兵力分散在近岸、河中和远岸时，再发动攻击，可收一举歼灭之效果。

关于"处斥泽之军"（沼泽作战），孙子认为这种地形本不宜作战，最好"亟去无留"。如果一定要作战时，必须靠近水草而背后有树林为依托，因为有树林的地区，土质通行性较良好，不会泥泞深陷。但是，有一个顾虑是孙子没有说的，那就是敌人如采用火攻，背有树林，前有沼泽，后果就很严重了。

关于"处平陆之军"（平原作战），孙子认为选择平坦的地形以利车马，但是右翼或侧背要以高地为依托，最好是我居略高之处，敌居略低之地，这样使敌人向我攻击困难，而我向敌人攻击则非常方便。

在这四种地形的作战部署之外，孙子还特别提出"绝涧""天井""天牢""天罗""天陷""天隙"等特殊地形，应保持高度警觉，最好不要接近，以免军旅陷入其中，受制于敌人，如果不得已而非要在这些地形附近用兵时，可以用"吾远之，敌近之，吾迎之；敌背之"的方法，即我军在这些特殊地形附近运动，但是保持距离，不进入，更不深入，使敌人按捺不住，待敌人先进入或通过这些地形后，奋力迎击，压迫敌人，使其陷于不利的地位。

此外，对于"险阻""潢井""蒹葭""林木""翳荟"等足以隐蔽人马的地形，孙子也特别注意，认为这些都是"伏奸之所"，一定要"谨覆索之"，以免中伏而不见知。这些都是行军宿营必须警戒的事项，虽然说得很简略，但是言简意赅，足以举一反三，为将帅者，不可不知。

（二）相敌三十三术

"相敌"是观察敌人的动静，借以了解敌人的真正情形，并判断其企图。这三十三种方法，有的是就敌人的动作观察，有的就敌人的言行观察，有的可以明察，有的需要暗察。近代兵学家蒋百里曾说："本节论行军者当利用侦探也。侦探者，行军之耳目，侦探不确实，不详密，则兵必陷于危境；此节列举侦探之方法也。"此论颇有见地。虽然孙子在本节中并未谈到运用侦探，但就孙子所列举的各种方法来看，有许多项是非赖侦探或斥候深入敌方，否则无法知道的，所以把这一部分视为侦查斥探的方法，也无不可。

这三十三种方法中，关于"敌近而静者，恃其险也，远而挑战者，欲人之进也，其所居易者，利也"这三项，只要侦探敌人的营舍，便可以了解。"众树动者，来也。众草多障，疑也。鸟起者，伏也。兽骇者，覆也。尘高而锐者，车来也；卑而广者，徒来也；散而条达者，樵采也；少而往来者，营军也。"这八项是部队行进间所引起的自然改变，只要派斥候探查，便可了解。"辞卑而益备者，进也。辞强而进驱者，退也"，"无约而请和者，谋也"，以及"来委谢者，欲休息也。兵怒而相迎，久而不合，又不相去，必谨察之"，这五项是主帅就已知的敌情，对敌军行动研判，"轻车先出其侧者，阵也。奔走而阵兵者，期也，半进半退者，诱也"，"见利而不进者，劳也"，以及"旌旗动者，乱也"，这五项是双方在遭遇战时，主帅观察敌情，所作的研判。此外，"仗而立者，饥也。汲而先饮者，渴也"，及"鸟集者，虚也。夜呼者，恐也。军扰者，将不重也"，再加上"吏怒者，倦也。杀马肉食者，军无粮也。悬甀不返其舍者，穷寇也。谆谆翕翕，徐与人言者，失众也。数赏者，窘也。数罚者，困也。先暴而后畏其众者，不精之至也"等十二项，均须由侦探人员潜入敌军方能得知其详。所以，就全部三十三项孙子所列举的"相敌"之术来说，大多数不能自表面征候得知，必须由可靠的侦查斥候人员深入了解后，才能判断其真伪。

敌军所显示的各种迹象，固可以因而判断其状况，但是有时可能是敌人故作姿态，诱我中计，所以侦察要力求真实可靠，判断要慎重明智，才不致轻率行动，遭遇失败。战国时，魏将庞涓追击齐军，齐军主帅是田忌，军师是孙膑，孙膑采用减灶而行之法，令士卒第一日设十万灶，第二日设五万灶，第三日减为三万灶。庞涓观察齐军设灶炊事的痕迹，判断齐军已逃亡大半，所以设灶日减，便轻骑急追，孙膑则估计魏军速度，设伏兵于马陵道上，万弩齐发，一举歼灭魏军，庞涓兵败自刎而死。由此可见，"相敌"之术，贵在得其真情，唯依真实的情报，才能作正确的判断。所以孙子说"夫唯无虑而易敌者，必擒于人"就是这个意思。

第十章　地道将任——地形篇

一、原文

孙子曰：地形①有通者②，有挂者③，有支者④，有隘者⑤，有险者⑥，有远者⑦。我可以往，彼可以来，曰通；通形者，先居高阳⑧，利粮道⑨以战，则利。可以往，难以返，曰挂；挂形者，敌无备，出而胜之，敌若有备，出而不胜，难以返，不利。我出而不利，彼出而不利，曰支；支形者，敌虽利我，我无出也；引而去之，令敌半出而击之，利。隘形者，我先居之，必盈以待敌⑩；若敌先居之，盈而勿从⑪，不盈而从之⑫。险形者，我先居之，必居高阳以待敌，若敌先居之，引而去之，勿从也。远形者，势均⑬，难以挑战，战而不利。凡此六者，地之道⑭也，将之至任⑮，不可不察也。

故兵有走者⑯，有弛者⑰，有陷者⑱，有崩者⑲，有乱者⑳，有北者㉑；凡此六者，非天地之灾㉒，将之过也。夫势均，则一击十，曰走。卒强吏弱㉓，曰弛。吏强卒弱，曰陷。大吏㉔怒而不服，遇敌怼㉕而自战，将不知其能，曰崩。将弱不严，教道不明，吏卒无常㉖，陈兵纵横㉗，曰乱。将不能料敌，以少合众，以弱击强，兵无选锋㉘，曰北。凡此六者，败之道也。将之至任，不可不察也。

夫地形者，兵之助也㉙。料敌制胜，计险厄远近㉚，上将之道㉛也。知此而用战者，必胜；不知此而用战者，必败。故战道必胜㉜，主曰：无战，必战可也㉝。战道不胜，主曰：必战，无战可也㉞。故进不求名，退不避罪，唯民是保㉟，而利于主㊱，国之宝也。

视卒如婴儿，故可与之赴深溪；视卒如爱子，故可与之俱死。厚而不能使㊲，爱而不能令㊳，乱而不能治㊴，譬若骄子，不可用也。

知吾卒之可以击，而不知敌之不可击，胜之半也；知敌之可击，而不知吾卒之不可击，胜之半也。知敌之可击，知吾卒之可击，而不知地形之不可以战，胜之半也。故知兵者，动而不迷㊵，举而不穷㊶。故曰：知彼知己，胜乃不殆；知天知地，胜乃可全。

二、注解

① 地形：地理形势，本篇系指战术地形而言。

② 通者：敌我均可以往来之地形。

③ 挂者："挂"是悬挂之意。往则顺势而下，返则逆势而上，后高前低，如物之悬挂貌。

④ 支者："支"是分离、分散及两相对峙之意。两军之间有危险地带，谁先出战，谁就陷入不利地形之中，这种地形叫"支"。

⑤ 隘者：两山夹峙之隘道、隘口。

⑥ 险者：山峻谷深，居高临下之险地。

⑦ 远者：两军之中间地域辽阔，如沙漠、沼泽、湖泊、冻原等，

谁进入这种地区，谁就属不利之地位。

⑧ 先居高阳："高"指高地。"阳"向东、南，但作战时不能以东、南为限，故"阳"宜解为视界辽阔之地形。

⑨ 粮道：补给路线。

⑩ 必盈以待敌："盈"即齐口满盈之意，处隘形地，应守住隘口制敌。

⑪ 盈而勿从：如敌人已制守隘口，则我不可进击。

⑫ 不盈而从之：敌人未制隘口，则可进击。

⑬ 势均：指双方军力相当之情况下。

⑭ 地之道：地形利用之原则。

⑮ 至任：首要职责。

⑯ 走者：败走，指自取败亡。

⑰ 弛者：纪律废弛，无法约束。

⑱ 陷者：驱士卒入险境。

⑲ 崩者：将士彼此怨怼，如山之崩坏。

⑳ 乱者：杂乱无章，指挥紊乱。

㉑ 北者：见敌望风而逃。

㉒ 天地之灾：受天时、地形之影响而遭失败。

㉓ 卒强吏弱：士卒强悍而将帅无能，指挥错误。

㉔ 大吏：主帅以下的高级指挥官。

㉕ 怼：怨恨，此处为意气用事之意。

㉖ 吏卒无常：各级指挥官及士兵，没有可兹遵循之常法和标准。

㉗ 陈兵纵横：部署军队杂乱无章。

㉘ 兵无选锋：用于作战之部队未经认真挑选精锐。

㉙ 兵之助也：用兵作战之辅助条件。

㉚ 计险厄远近：计算地形之险阻、远近，再下判断。

㉛ 上将之道：主将、统帅必须做到的。

㉜ 战道必胜："战道"指战场之状况。"必胜"，有取得胜利之把握。

㉝ 必战可也：可以下决心作战。

㉞ 无战可也：可以决定不作战。

㉟ 唯民是保：专心一意为保国卫民而努力。

㊱ 而利于主：只求有利于国君。

㊲ 厚而不能使：厚养士卒，以致习于安逸，不堪驱使其作战。

㊳ 爱而不能令：溺爱士卒，以致骄惰成性，无法令其作战。

㊴ 乱而不能治：违反纪律而不能惩治，以至放荡不羁，造成紊乱。

㊵ 动而不迷：行动不迷惑，即谓不盲目行动。

㊶ 举而不穷：一切措施均有无穷之变化。

三、白话

孙子说：地形有"通""挂""支""隘""险""远"六种类型。凡是我可以去，敌人也可以来的，是"通形"，在这种地形作战，先要占据视界辽阔之高地，并保持补给路线之通畅，才有利于作战。凡是易于进，难于出的地形，是"挂形"，在这种地形作战，敌人无防备时出击，可以取胜；如敌人有防备时出击，不易取胜，而且敌人如断我归路，就难以退兵，所以是很不利的。凡是我出击不方便，敌人出击也不方便的地形，是"支形"，这种地形，敌人尽管引诱我，我也不能出击，可以带领军旅它去，使敌人来追，等敌人的部队有半数进入这种地形时，再回头发动攻击，才会造成有利的局面。至于"隘形"地，我应该先占据住，而且应守住隘口制敌，如果敌人先占据隘口，而且在隘口部署设防，我不能强行通过，敌人虽占据隘地，但不是在隘口设防时，我可以考虑进击。至于"远形"地，如在双方军力相当的情况下，挑战的一方较困难，谁先进击，谁就处于不利的地位。以上这六种，是地形利用之原则，也是主帅的首要职责，不能不仔细体察。

军旅失败的情形有："走""弛""陷""崩""乱""北"六种类型。这六种都不是由于天时和地形作祟，而是将帅的过失造成的。在双方战力相当的情况下，仅以一分兵力攻击敌人十分的军旅，而遭败亡，叫"走"。士卒强悍而将帅无能，叫"弛"。将帅强勇，而士卒怯懦，叫"陷"。各级指挥官怨怒不服从命令，遭遇敌人时又意气用事，擅自出战，而主帅不知其能力，叫"崩"。主将怯懦不够威严，教育训练又不明确，各级指挥官及士兵，没有可资遵循的标准，部署军队杂乱无章，叫"乱"。主将无法正确研判敌情，以少数进击多数，以弱势击强势，用于作战之部队又未经挑选，叫"北"。以上六种，都是导致军旅失败的状况，也是主将的首要职责，不可不仔细体察。

地形是用兵作战之辅助条件，而判断敌情，制订取胜计划，研究地形险阻，计算道路远近，都是主将必须做到的。懂得这些理论而后用兵，必有取胜机会；不懂这些道理而轻举妄动，必遭失败。所以，主将如权衡战场之状况，有把握必胜，即使君主说不必打，也可以下决心作战。如果主将衡量战场状况，没有制胜之条件，即使君主说一定要打，也可以决定不作战。所以，做主将的人必须把握住：不贪求战胜的虚名，不回避抗君命的罪责，只求保国卫民，只求有利君主，这样的将帅，才是国宝。

将帅对士卒像婴儿一样，士卒就能追随将帅共赴深渊；将帅对士卒像子女一样，士卒就能为将帅效命。如果只是厚养士卒而不能驱使作战，仅溺爱士卒而不使之接受命令，违反纪律而不能予以惩治，那就像一个娇生惯养的儿子一样，是不能用来打仗的。

只了解我军能作战，不了解敌军能不能作战，取胜的机会只有一半；已知敌军之弱点，可以进击，但不知我军没有攻击能力，取胜的机会也只有一半；既了解敌军弱点，也了解我军能力，但不了解地形上不适宜用兵作战，也只有一半取胜的机会。所以真正懂得用兵的将帅，他的一切行动都是正确思考的结果，而不是盲目的，一切措施均有无穷变化。所以，既了解敌人又了解自己，胜利已有把握；既了解天时又了解地形，胜利的机会就万全无缺了。

四、概说

（一）地之道

《地形》篇是《孙子兵法》第十篇，申论地形之利用。孙子最重视地形，他说："夫地形者，兵之助也。料敌制胜，计险厄远近，上将之道也。知此而用战者，必胜；不知此而用战者，必败。"可见孙子视地形之利用为胜败之关键，并且举出六种地形："通形""挂形”“支形”“隘形”“险形”“远形”，说明在这些地形中作战取胜之道。

所谓“通形”，是平易开阔、四通八达、敌我均可以往来的地形。在这种地形作战，要先占领高地，而且确保补给线的畅通，以便于粮食秣草的输送。

所谓“挂形”，是容易去、不容易回的地形。“挂”是悬挂的意思，后高前低，有如悬挂一样东西，如我军布阵于山腹，敌军布阵山麓，往则顺势而下，返则逆势而上，假使敌人没有防备，出击取胜的机会很大，如果敌有备，不能取胜，就易遭敌人截断退路，这是非常不利的，所以孙子说：“可以往，难以返。”

所谓“支形”，是我军与敌军之间有暴露的危险地带，如湖泊、河流、平地等。双方各据险要对峙，相安无事，谁先出击，谁就暴露身形，处不利情况。而对这种地形，不可先出，要诱使敌人离开险要，进入危险地带，暴露原形时，才集中主力进攻。

所谓“隘形”，是指两山夹峙之隘道、隘口。在这种地形作战，应先占隘口，沿隘道做纵深部署，尤其要封锁隘口及附近有利地形。如果敌军先占隘口，不要冒险去攻击。但是，敌军如守在隘道中间，隘口防守薄弱，则可设法攻击，因为一旦我攻入隘道，譬如两鼠斗于穴中，共分隘道之险，勇者得胜，敌人不能占地形的便宜，这就是孙子说的“盈而勿从，不盈而从之”。

所谓“险形”，是指山峻谷深、易守难攻、形势非常险要的地带。如果我军先占领险形地带，应据守具有鸟瞰作用的制高点，以逸待劳；如敌人先占，就应放弃正面攻击，另外选择迂回路线，以免陷于不利的地位。

所谓“远形”，是指敌我两军之间地域辽阔，如隔有沙漠、沼泽、大湖、冻原等地带。如果我方没有绝对的优势兵力出兵挑战，又没有有利的地形作为掩护，失败的可能性很大，所以孙子说："远形者，势均，难以挑战，战而不利。"

这六种地形的利用，并非一成不变的，如墨守成法，往往适得其反。例如三国时，马谡奉命拒魏兵，副将王平建议在五路总口下寨，屯兵当道，扼守衢口，魏兵必无法通过。但是，马谡不听，认为当道岂是屯兵之所，应该屯兵山上，居高临下，势如劈竹。结果，魏兵将山团团围住，绝其水源，蜀兵不战自乱，大败而逃，遂失街亭。后诸葛亮有挥泪斩马谡。可见，将帅对地形的利用必须因地制宜、因时制宜，始能克敌制胜。所以孙子说："凡此六者，地之道也，将之任也，不可不察也。"

（二）将之任

《地形》篇中所讨论的将帅之道，与前面《九变》篇中谈到的不同，这里是专就将帅措施失当，遭致失败的情形列举说明，而认为一切的失败责任，应由统军将帅承担。孙子列举了六种情形："走""弛""陷""崩""乱""北"，而认为："凡此六者，败之道也，将之至任，不可不察也。"

所谓"走"，是指敌我的战斗力、条件相当，但是将帅调遣失当，不能集中兵力，以一分力量，打十倍于我的敌人，结果只有败走一途了。

所谓"弛"，是指士卒强悍，然而各级的领导干部很弱，以致不能发挥统辖制驭之权，坐令军纪废弛，打起仗来群龙无首，自然失败。

所谓"陷"，是各级干部强勇，但是士卒缺乏训练，临阵怯懦，鼓之不进；干部向前而士卒不能随之前进，往往干部强驱士卒冲杀，而无法赢得胜利，白白牺牲，无异驱策士卒入陷阱。

所谓"崩"，是主帅以下的高级指挥官，愤怒不服号令，遇到敌人时，因心怀不满而擅自行动。主帅既不了解情况，又没有控制的能力，以致一着败而全局输，陷于不可收拾的地步。

所谓"乱"，是将帅无能，或者反复多变，各级指挥干部及士兵没有可以遵循之常法和标准。部队行军、营舍和作战部署不能保持建制和序列的严整，既无组织，亦无计划，所以叫"乱"。

所谓"北"，是指将帅不能判断敌情，低估敌人，用劣势的兵力去打优势的敌人，这已经不妙了，如再不能选拔一些骁勇将士做先锋，一经与敌接触，即经不起阵仗，见敌望风而逃，所以叫"北"。

有了上述六种情形中的任何一种，军旅都必打败仗不可。防止这些情况的发生，是每一个将帅的责任，因为这都是人为的过失，与其他因素无关。所以孙子说："凡此六者，非天地之灾，将之过也"。这是促使将帅反省，避免蹈失败之阱。再进一步看，这六败之中，除"走""北"两项是将帅判断错误，其余"弛""陷""崩""乱"四项，都是平素训练不够，号令不严所致。因此，孙子再度强调士卒训练的重要性，他说："厚而不能使，爱而不能令，乱而不能治，譬若骄子，不可用也。"将帅爱护士卒是应当的，但将帅之爱，应该是内含"严"（《始计》篇中为将五德之一）的"威爱"，而不是"溺爱"。一旦过分纵容士卒，将帅的威严尽失，士卒骄横不驯，不能使、不能令，又不能治，迟早会走上"弛""陷""崩""乱"的命运。

第十一章　胜敌之地、主客之道——九地篇

一、原文

　　孙子曰：用兵之法，有散地，①有轻地②，有争地③，有交地④，有衢地⑤，有重地⑥，有圮地⑦，有围地⑧，有死地⑨。诸侯自战其地者，为散地。入人之地而不深者，为轻地。我得则利，彼得亦利者，为争地。我可以往，彼可以来者，为交地。诸侯之地三属⑩，先至而得天下之众者，为衢地。入人之地深，背城邑多者⑪，为重地。山林，险阻，沮泽，凡难行之道者，为圮地。所由入者隘，所从归者迂，彼寡可以击吾之众者，为围地。疾战则存，不疾战则亡者，为死地。是故散地则无战，轻地则无止，争地则无攻⑫，交地则无绝⑬，衢地则合交⑭，重地则掠⑮，圮地则行，围地则谋，死地则战。

　　古之所谓善用兵者，能使敌人前后不相及，众寡不相恃⑯，贵贱不相救⑰，上下不相收⑱，卒离而不集，兵合而不齐⑲。合于利而动，不合于利而止。敢问："敌众整而将来，待之若何？"曰："先夺其所爱⑳，则听矣；兵之情主速，乘人之不及，由不虞之道㉑，攻其所不戒也。"

凡为客之道㉒，深入则专㉓，主人不克㉔，掠于饶野，三军足食，谨养而无劳，并气积力㉕，运兵计谋，为不可测，投之无所往㉖，死且不北㉗，死焉不得㉘，士人尽力。兵士甚陷则不惧㉙，无所往则固㉚，深入则拘㉛，不得已则斗㉜。是故，其兵不修而戒㉝，不求而得㉞，不约而亲㉟，不令而信㊱，禁祥去疑㊲，至死无所之。吾士无余财，非恶货也；无余命，非恶寿也㊳。令发之日，士卒坐者涕沾襟，偃卧者涕交颐，投之无所往，则诸刿之勇㊴也。故善用兵者，譬如率然㊵；率然者，常山之蛇也，击其首，则尾至，击其尾，则首至，击其中，则首尾俱至。敢问："兵可使如率然乎？"曰："可。"夫吴人与越人相恶也，当其同舟济而遇风，其相救也如左右手。是故，方马埋轮㊶，未足恃也，齐勇若一，政之道也；刚柔皆得，地之理也㊷。故善用兵者，携手若使一人，不得已也。

将军之事，静以幽㊸，正以治㊹，能愚士卒之耳目，使之无知。易其事，革其谋，使人无识㊺，易其居，迂其途，使人不得虑。帅与之期㊻，如登高而去其梯㊼，帅与之深，入诸侯之地而发其机。若驱群羊，驱而往，驱而来，莫知所之。聚三军之众，投之于险，此将军之事也。九地之变，屈伸之利，人情之理，不可不察也。

凡为客之道，深则专，浅则散；去国越境而师者，绝地也；四达者，衢地也；入深者，重地也；入浅者，轻地也；背固前隘㊽者，围地也；无所往者，死地也。是故散地吾将一其志，轻地吾将使之属㊾，争地吾将趋其后㊿，交地吾将谨其守，衢地吾将固其结(51)，重地吾将继其食，圮地吾将进其途(52)，围地吾将塞其阙(53)，死地吾将示之以不活。故兵之情，围则御，不得已则斗，逼则从(54)。

是故不知诸侯之谋者，不能预交；不知山林险阻沮泽之形者，不能行军；不用乡导者，不能得地利；此三者不知一，非霸王(55)

之兵也。夫霸王之兵，伐大国，则其众不得聚，威加于敌，则其交不得合。是故不争天下之交^⑤，不养天下之权^⑤，信己之私，威加于敌^⑧，故其城可拔，其国可隳^⑨。施无法之赏^⑥，悬无政之令^⑥，犯^⑧三军之众，若使一人。犯之以事^⑥，勿告以言^⑥；犯之以利，勿告以害^⑥；投之亡地然后存，陷之死地然后生。夫众陷于害，然后能为胜败，故为兵之事，在于顺详敌之意，并力一向^⑥，千里杀将，是谓巧能成事。

是故政举之日^⑥，夷关折符^⑥，无通其使，厉于廊庙之上^⑥，以诛其事^⑦，敌人开阖^⑦，必亟入之。先其所爱，微与之期^⑦，践墨随敌^⑦，以决战事^⑦。是故始如处女，敌人开户^⑦；后如脱兔，敌不及拒。

二、注解

① 散地：诸侯在自己的领土内作战，称"散地"。

② 轻地：军旅进入敌境不深的地区作战，危急时可以轻易返归本国，称"轻地"。

③ 争地：谁先占据谁就占有利的条件，所以是一定要争夺的地区，称"争地"。

④ 交地：交通便利，敌我均能来往之地区。

⑤ 衢地：谓一地与数国毗连，系人人必经之通衢要道，称"衢地"。

⑥ 重地：指入敌境已深，军旅之负担也愈来愈沉重，称"重地"。

王皙注："兵至此，事势重也。"

⑦ 圮地："圮"是毁坏之意，即足以毁灭军旅之地区，称"圮地"。

⑧ 围地：梅尧臣注："山川围绕，入则隘，归则迂也。"即有天然险阻，进去时跋山涉水，出来时非绕个大圈子不可，这种地区叫"围地"。

⑨ 死地：梅尧臣注："前不得进，后不得退，旁不得走，不得不速战也。"即不拼力作战，就是死路一条的地区。

⑩ 诸侯之地三属："属"是连接的意思，"三"是虚数，好几个的意思。是说这个地区和好几个诸侯的领土接壤。

⑪ 背城邑多者：背后阻隔着重重城邑，不易归返之意。

⑫ 争地则无攻："无攻"是不要强攻，争地既为必夺之地，敌人亦必坚守，不宜正面强攻。

⑬ 交地则无绝：交地既为交通便利之地区，敌我皆能来往，故处处有被敌袭击之虑，宜时时保持各军之联络，不要被敌人断绝。

⑭ 衢地则合交：衢地既与各国接壤，应与各国联合、交好，以为屏障。

⑮ 重地则掠：深入敌境，补给困难，只有就地夺取敌人之粮食资源。

⑯ 众寡不相恃：使敌人之大部队与小部队之间不能依靠连击。

⑰ 贵贱不相救：使敌军各自为战，上下不能救援。

⑱ 上不相收：使敌人上级与下级之联络中断，欲收兵转进而不可。刘寅注："使贵贱不得相救援，上与下不得相收敛。"

⑲ 兵合而不齐：敌人集中兵力的行动尚未完了，我即发动攻击，使之不能齐一。

⑳ 先夺其所爱：先攻击敌人必须救援保护之目标。

㉑ 由不虞之道："虞"是预料，要走敌人未曾预料之路。

㉒ 为客之道：在敌境内作战，我军是客，敌军则为主，"为客之道"即客军作战之原则。

㉓ 深入则专：愈深入敌境，则士卒之斗志愈专一。

㉔ 主人不克：地主国则愈难克制我军。

㉕ 并气积力：提高士气，增强体力。

㉖ 投之无所往：指挥部队进入无路可退的境地。

㉗ 死且不北：士卒宁战死不退走。

㉘ 死焉不得：士卒连死都不怕了，那么还会不得胜吗？杜牧注："言志必死，安有不得胜之理。"

㉙ 甚陷则不惧：已陷于极险恶之环境就不会恐惧。

㉚ 无所往则固：既已无路可走，则军心渐渐稳固。

㉛ 深入则拘：深入敌人之地，精神上受拘束，则专一而不涣散。

㉜ 不得已则斗：到无法可想时，只有拼死搏斗。

㉝ 不修而戒：不须督促就知道警惕戒慎。

㉞ 不求而得：不必要求就知道尽忠职守。

㉟ 不约而亲：不须约束就知道亲密团结。

㊱ 不令而信：不须三令五申就能信守服从。

㊲ 禁祥去疑：禁止迷信，扫除谣言。

㊳ 无余命，非恶寿也：士卒不怕死，并不是不想活下去。

㊴ 诸刿之勇："诸"指专诸，吴之勇士，刺吴王僚，使阖闾得以登基。"刿"指曹刿，又名曹沫，鲁之勇士，鲁齐会盟时，曹刿持匕首迫齐君归还失地。

㊵ 率然：古代传说中的一种蛇。"率"，速也；神异经："西

方山中有蛇，头尾差大，有色五彩，人物触之者，中头则尾至，中尾则头至，中腰则头尾并至，名曰率然，会稽常山最多此蛇。""率"在此处读音 shuài。

㊶ 方马埋轮：曹操注："方，缚也。"把马匹束缚在一起，把车轮埋起来，强使行动一致。

㊷ 刚柔皆得，地之理也：张预："得地利，则柔弱之卒亦可以克敌，况刚强之兵乎？"即善用地利，强者与弱者能各尽其力。

㊸ 静以幽：宁静沉着，深思远虑。"幽"，深也。

㊹ 正以治：公正无私，严整不乱。"治"，不乱也。

㊺ 易其事，革其谋，使人无识：改变已决定的事儿，更改已决定之计划，使人无法测知动向。

㊻ 帅与之期：主帅统兵至预期之地。

㊼ 如登高而去其梯：突然下令作战，如命人登高处而撤走楼梯，使之抱必死之决心。

㊽ 背固前隘：背后山岭高峻，前面道路狭窄。

㊾ 使之属：使自己部队紧密联系。

㊿ 趋其后：迂回至敌人后背。

51 固其结：结交友邦，使之稳固。

52 进其途：迅速通过之意。

53 塞其阙：堵其缺口，使士卒不得不死战。

54 逼则从：士卒在为形势所迫时，即能服从命令而行动。

55 霸王：诸侯之长，即霸王。

56 不争天下之交：不争取友邦盟国。

57 不养天下之权：不培养深通权谋之士。

58 信己之私，威加于敌：只凭一己私欲，想以兵威制服敌国。

(59) 隳：通“毁”，毁灭之意。

(60) 无法之赏：超出惯例之奖赏，即法外之赏。

(61) 无政之令：超出常规之号令，即政外之令。

(62) 犯：曹操注：“犯，用也。”即指挥。

(63) 犯之以事：用之以事，即差遣办事儿。

(64) 勿告以言：不必告知目的和用意，以求保密。

(65) 犯之以利，勿告以害：差遣士卒时，只告诉他有利之一面，不要告诉他害处。

(66) 并力一向：集中全力指向敌人的某一点。

(67) 政举之日：决定军事行动开始时，即战争前夕。

(68) 夷关折符：闭塞关口，毁坏信符，禁止出入。

(69) 厉于廊庙之上：“厉”同励，“廊庙”即庙堂。在庙堂上反复计议作战大计。

(70) 以诛其事：曹操注：“诛，治也。”即研究计划。

(71) 敌人开阖：“开阖”是说门一开一闭。敌人进退未定，如门之一开一闭，必有空隙可乘。

(72) 微与之期：“微”隐匿之意，即不使敌人知我进兵之日期。

(73) 践墨随敌：“践”实行，“墨”绳墨、法度，“随敌”即因敌之变化而变化。意为：因应敌情之变化，修订作战计划。

(74) 以决战事：求得决定性之胜利，中止战争。

(75) 开户：放松戒备。

三、白话

孙子说：根据用兵原则，有"散地""轻地""争地""交地""衢地""重地""圮地""围地""死地"等九类。诸侯在自己领土内作战，这样的地区叫"散地"。进入敌境不深的地区，叫"轻地"。我先占领对我有利，敌先占领对敌人有利的地区，叫"争地"。我军可以去，敌军亦可以来，叫"交地"。与两三个诸侯接壤的地区，先占领就可以与四方接触的，叫"衢地"。深入敌境，背后阻隔着许多城邑，叫"重地"。山林、险阻、沼泽等道路难行的地区，叫"圮地"。进入的道路狭窄，出来的道路迂远，敌人以少数兵力可以制服我多数兵力的地区，叫"围地"。奋力作战就能生存，不奋力作战就被消灭的地区，叫"死地"。因此，"散地"不宜决战，"轻地"不可停留，敌人占领"争地"则不宜强攻，在"交地"则不要被敌人切断联系，在"衢地"则应交结邻邦，在"重地"则应就地补给，在"圮地"则应迅速离去，在"围地"则应用计谋脱困，在"死地"则应奋力死战。

自古以来，所谓善于用兵作战者，能使敌人前后无法顾及，大部队和小部队之间无法联系，各自为战，不能相救援，也无法收兵转移，士卒溃散不集中，主力未能齐一，即行攻击。总之，有利才行动，无利则不妄动。试问："敌人如人数众多，且行伍整齐向我进攻，该怎么办？"回答说："先攻击敌人必须援救保护之目标，则能使敌人受制于我。用兵之道，贵在迅速，乘敌人措手不及，走敌人料想不到的道路，攻击敌人不防备的地方。"

凡进入敌境作战，愈往前深入，士卒斗志愈专一，敌军愈无法胜我。在富饶地区夺取粮秣，使军旅吃得饱，注意休养，提高士气，增强体力，仔细部署，使敌人不能臆测。把士卒放置于无路可退的境地，士卒宁死也不后退，尽力作战，哪有不得胜的？士卒陷于险地就无所畏惧，无路可走军心就渐稳固，深入敌人国土就不易涣散，无法可想时，只有拼力死战。所以，这样的军队不须督促就知警惕，不须要求就知尽责，不须约束就知亲密，不须申令就知服从；再禁止迷信，扫除谣言，即使战死也不会退避。我军士卒不积蓄财货，并不是厌恶财货，不怕死，并不是不想活下去，而是公而忘私。当作战的命令下达时，坐着的涕泪湿了衣襟，躺着的涕泪满颊，一片悲愤，指挥他们向没有退路的地方前进，就会像专诸、曹沫一样勇敢了。所以，善于用兵者，就像"率然"一样。"率然"是常山的蛇，打它头部，尾巴就来救应，打它尾部，头部就来救应，打它中间，头尾一同来救。试问"用兵可以像这种蛇一样吗"？回答是"可以"。例如吴人和越人交恶，但同乘一船而遭风浪时，也能如左右手一样互相救援。所以，把马匹缚在一起，把车轮埋起来，强使行动一致，是靠不住的，要使士卒勇敢齐一，有赖指挥得法；使强者与弱者各尽其力，有赖善用地利。善于用兵者，指挥大军如差遣一个人那样容易，这就是把士卒放在不得已的境地而造成的。

统率军队这种事，要宁静沉着，深思远虑；要公正无私，严整不乱；要约束士卒的视听，使他对计划无所知。改变已决定的事，更改已决定之计划，使人无法测知动向；改变驻地，更改行军路线，使人意想不到。突然下令作战，如令人登高处而撤走楼梯，使之抱必死之决心。主帅带领士卒深入，到诸侯之要地，才像发动弓弩之机括一般，飞射而出；又像赶羊群一般，赶过来赶过去，使士卒都不知道要到哪里去。集结大军，投入危险之战场，是将帅的责任。因此，各种地形变化、进退伸缩的利与不利、士卒的情绪与心理，都是不能不仔细省察的。

大凡出国境作战的原则，深入敌境则士卒专一，距自己国家近，则易逃散。出国远征，战场与本国隔绝，叫"绝地"；四通八达，叫"衢地"；深入敌境，叫"重地"；初入敌境，叫"轻地"；后有峻岭，前有狭隘，叫"围地"；无处可逃，叫"死地"。所以，在"散地"要统一士卒意志，在"轻地"要使部队相连属，在"争地"要迅速迂回其侧背，在"交地"要谨慎防守，在"衢地"要结交邻国，使之稳固，在"重地"要注重补给，在"圮地"要迅速通过，在"围地"要堵塞缺口，在"死地"要表示必死之决心。就士卒之心理而言，被包围就协力抵御，不得已时就力斗，形势所迫时，就能服从命令而行动。

不了解诸侯政策的，不能预先结交；不熟悉山林、险阻、沼泽等地形，就不能行军；不使用向导，不能得便利，这三项缺一，就不能算是霸主的军旅。霸主的军旅攻伐大国，可使其军来不及聚合，威力施于敌国，别的诸侯国不与之结交。所以，不争取友邦盟国，不培养深通权谋之士，只凭一己之私，只凭兵威制敌，本身将有城破国毁之可能。施行法外之赏，颁布政外之令，指挥全军如差遣一个人一样。使士卒行事，不必告知用意。差遣士卒，只须告知有利的一面，不必告知有害的一面。使士卒入危险之地，才能保全，入死地才能求生，在全军至为危急时，才能转败为胜。所以，指挥作战要详察敌人之意向，一旦有机会，就集中全力指向敌人的某一点。即使长驱千里之遥，也可以擒杀敌将，这就是所谓以巧妙的手段成就大事。

在军事行动开始之时，就要封锁关口，毁坏信符，禁止通行，停止使者往来，在庙堂上反复计议，研究计划。如敌人有隙可乘，必要迅速攻入，先夺取其最重视的地点。不要使敌人知道我进兵之日期，要随敌情变化，修正我的作战计划，以求得决定性的胜利。所以，在开始的时候像处子一样沉静，等敌人放松戒备，然后像脱兔一样迅速进击，使敌人抗拒不及，从而取得胜利。

四、概说

（一）胜敌之地

《九地》篇是《孙子兵法》第十一篇，也是十三篇中最长的一篇，计一千余字，约占全文的六分之一。这一篇可以说是《九变》《行军》《地形》以下，对于战场作战的地形利用作一总结。不过本篇侧重于战略战术的考虑，与前三篇不同。即在作战之前，先就作战目标及决战地区的地理形势予以分析，并强调造成敌人分离、实施机动与奇袭，以及运用战场心理激发士气，以赢取胜利。

孙子举出九种战略地形："散地""轻地""争地""交地""衢地""重地""圮地""围地""死地"，系就国境内到国境外之作战地形，分别说明。所谓"散地"，是与敌交战于本国境内，"散"是指士卒身处国境之内，思乡顾家，易于逃散，历来各家注解，均从此说。不过，就孙子与吴王阖闾之兵法答问中来看，当另含有分散敌人力量，逐步耗其战力的意思。因此，孙子说："散地则无战"，并非不抵抗之意，而是认为不宜决战之意。至于"轻地"，是去距国境不远的地区，士卒畏战思乡的心理仍然存在，因此孙子说"轻地则无止"，以免锐气消失，不过就另一方面来看，如果我没有深入敌境的打算，战况不利时，亦可轻易退回国境，固守自保。所以在"散地"和"轻地"作战时，应把握"合于利而动，不合于利而止"的原则。

至于"争地""交地""衢地"三者，都属于战略目标。"争地"是兵家必争之地，有左右战局的裨益，"交地"是交通孔道，"衢地"是枢纽地区。由于"交地"是敌我均可往来，因此不能让敌人切断交通，"衢地"四通八达，与数个邻国接壤，不能单持武力夺取，必佐以外交手段，这就是"交地则无绝，衢地则合交"。但是对于"争地"，孙子却说"争地则无攻"。既是必争之地，为什么"无攻"呢？"无攻"与"无战"一样，都是避免正面进攻的意思。"争地"能左右战局，敌人先占，自会拼力死守，强攻可能无济于事，唯有迂回侧击方能收效。例如明末清军起于辽东，山海关扼清军南下之咽喉，正是"争地"，但是清太宗六犯明疆，没有一次是对山海关做正面攻击，或绕蒙，或绕冀南、鲁东一带，可说是深明"争地无攻"之理。

至于"重地""圮地""围地""死地"都是深入敌境后所遭遇之情形。"重地"最大的困难是粮秣不足，后勤补给无以为继，因此必须"因粮于敌"，以战养战。"圮地"最大的困难是地形的障碍，山林险阻沼泽等，足以影响战斗力的发挥。"围地"则是除地形障碍外，还有敌人凭险设伏，处处牵制，因此将帅必须用最大之智慧，设法突围，这就是"圮地则行，围地则谋"。"死地"则是前有强敌，后无退路，力战则存，不战则亡，所以非力拼不可，这就是"死地则战"。

"九地"之中，孙子最重视"死地"，他除了说"死地则战"之外，还一再强调："兵之情，围则御，不得已则斗，逼则从。""投之亡地然后存，陷之死地然后生。"以及"死地，吾将示之以不活。"这是针对战场上士卒的心理而发的，"兵士甚陷则不惧，无所往则固，深入则拘，不得已则斗。"在极端困难危险之中，自然能发挥勇气，死中求生。不过置之"死地"而后生，并不是用兵常道。《孙子兵法》中，处处讲"先胜""致人""死地则战"，实在是不得已的办法，是"致于人"之后的变道，不能以常法视之。

（二）主客之道

所谓"主"，是交战于国境之内；所谓"客"，是用兵于国境之外。不过就另一角度来看，"主"也可以视为"内线作战"，"客"则可以视为"外线作战"。"内线作战"是在中央位置，面对两个或两个以上方向之敌来作战，"外线作战"则是从两个或两个以上的方向，向居中央位置之敌发动攻击。为"主"时宜采内线作战，为"客"时宜采外线作战，但不论内外线作战，地形之适宜与否，为必要考虑因素。

内线作战之要诀，是在敌人分进而尚未达到合击之目时，各个击破，这就是孙子所说的"能使敌人前后不相及，众寡不相恃，贵贱不相救，上下不相收，卒离而不集，兵合而不齐"。在敌人部队分离、主力与其他各部不能联系、兵力分散、集结行动尚未完成时，"乘人之不及，由不虞之道，攻其所不戒也"。即以先制及奇袭的手段，完成各个击破之目的。

外线作战之要诀是分进合击，即分由不同方向向目标集中，在同一时间内集中优势力量在某一决战点上。孙子在《虚实》《军事》两篇上已经说了很多，这里是专就深入敌境之情形而言。军旅进入重地之后，必因粮于敌，在资源富饶之区征发粮秣，以充军实，而且军旅行止宜顾体养，积蓄战力掌握战机。此即"掠于饶野，三军足食，谨养而无劳，并气积力，运兵计谋，为不可测。"客地作战，最重士气和纪律，孙子虽然一再强调因粮而敌，但这是就军旅必要的补给而言，绝非鼓励士卒抢掠。所以孙子说："吾士无余财，非恶货也；无余命，非恶寿也。令发之日，士卒坐者涕沾襟，偃卧者涕交颐，投之无所往，则诸刿之勇也。"这样的军旅，无论士气和纪律都是锐不可当的，用之以战，则无往不而不胜。

客地作战除士气纪律外，尤重保密，不但对敌人绝对保密，即使对自己士卒也不能泄露，尤其对于军旅之行进方向、决战地点，更不可使士卒预知，以免影响士卒心理，造成恐惧，这也是将帅领导统御的原则。孙子说："将军之事，静以幽，正以治，能愚士卒之耳目，使之无知。易其事，革其谋，使人无识。易其居，迂其途，使人之得虑。"所谓"愚士卒耳目"，并非蒙蔽欺骗，而是深入敌境，危机四伏，军旅之一动一静，均可能在敌人监视之下，要尽可能使人"无知""无识"，无法由士卒言行举动中臆测其企图。要做到这点，将帅必先"静以幽，正以治"，士卒才能无条件追随，赴深溪俱死而不疑，"若驱群羊，驱而往，驱而来，莫知所之"。用兵如此，自然"三军之众，若使一人"了。

第十二章　以火佐攻——火攻篇

一、原文

孙子曰：凡火攻有五：一曰火人①，二曰火积②，三曰火辎③，四曰火库④，五曰火队⑤。行火必有因⑥，烟火必素具⑦。发火有时⑧，起火有日⑨。时者，天之燥也。日者，月在箕壁翼轸也⑩，凡此四宿者，风起之日也。

凡火攻，必因五火之变而应之⑪，火发于内，则早应之于外。火发而兵静者，待而勿攻。极其火力⑫，可从而从之，不可从而止。火可发于外，无待于内，以时发之⑬。火发上风，无攻下风⑭，昼风久，夜风止⑮。凡军必知五火之变，以数守之⑯。故以火佐攻者明⑰，以水佐攻者强⑱，水可以绝，不可以夺⑲。

夫战胜攻取，而不修其功者凶⑳，命曰费留㉑。故曰：明主虑之，良将修之，非利不动，非得不用，非危不战。主不可怒而兴师，将不可愠㉒而致战；合于利而动，不合于利而止。怒可以复喜，愠可以复悦，亡国不可以复存，死者不可以复生。故明君慎之，良将警㉓之，此安国全军之道也。

二、注解

① 火人：放火烧杀敌军士卒。

② 火积：放火焚烧敌军堆积之粮秣。

③ 火辎：放火焚烧敌军之辎重运输。

④ 火库：放火焚烧敌军之仓库储备。

⑤ 火队：放火烧杀敌军大队人马。

⑥ 行火必有因：施行火攻必具备一定的条件。如天候、季节、地形及敌军营舍情形等。

⑦ 烟火必素具："素具"是平时预先准备，"烟火"即引火工具。引火须赖工具，如火箭、干材、火药、油脂等，在平时应预先准备，以便使用。

⑧ 发火有时：发动火攻须乘有利时机，如久旱不雨，百物干燥，即是火攻良机。

⑨ 起火有日：引烧火势须选择有利的日子，即起风之日。

⑩ 月在箕壁翼轸："箕""壁""翼""轸"是二十八宿中四个星宿，二十八宿是：

东——角、亢、氐、房、心、尾、箕。

北——斗、牛、女、虚、危、室、壁。

西——奎、娄、胃、昴、毕、觜、参。

南——井、鬼、柳、星、张、翼、轸。

二十八宿合为一周，月环绕而行，依次止于一星，因称为宿，宿就是止的意思；当月止于"箕""壁""翼""轸"的位置时，为风起之日。

⑪ 必因五火之变而应之：必须根据上述五种火攻所引起的情况变化，适时运用兵力策应。

⑫ 极其火力：张预注："尽其火势。"即待火势燃烧到炽盛的时候。

⑬ 以时发之：引发火势须待时机成熟。

⑭ 火发上风，无攻下风：火势自上风引发后，不可逆风进攻。因为屈居下风，烟火弥漫，既不辨敌我，反自遭烟火所患。

⑮ 昼风久，夜风止：白昼起风，时间较久，夜晚起风多止于清晨，故老子曰："飘风不终朝。"按昼夜之空气流动不同，更因地形、季节而异，不可一概而论。

⑯ 以数守之：张预注："不可止知以火攻人，亦当防人攻己，推四星之度数，知风起之日，则严备守之。"即注意箕、壁、翼、轸四星宿之变化，严防敌人火攻。

⑰ 明：指效果显著。

⑱ 强：声势强大。

⑲ 水可以绝，不可以夺："绝"是隔绝、阻绝，用水攻敌易造成泛滥区，形成敌我之间的隔离，而不易达到夺取或歼灭敌人的目的。

⑳ 不修其功者凶：就上下句来看，"功"指胜利成果而言，即不能巩固胜利成果是很危险的。另一种说法是"不修举有功"，即不能论功行赏是很危险的。

㉑ 命曰费留："命曰"即名之曰，"费留"即长期耗费之意。

㉒ 愠：怨恨、愤怒。

㉓ 警：戒惕。

三、白话

孙子说：大凡用火攻击敌人，有五种方式：一是放火烧杀敌军士卒，二是放火焚烧敌军堆积之粮秣，三是放火焚烧敌军之辎重运输设备，四是放火焚烧敌军之仓库储备，五是放火烧杀敌军大队人马。施行火攻必须具备一定的条件，同时引火之工具也要经常准备。发动火攻要乘有利时机，引燃火势也须选择有利的日子。所谓时机是指天气干燥，久旱不雨；所谓有利的日子，是指月亮运行到"箕""壁""翼""轸"四个星宿的时候。凡是月的位置在这四宿，就是起风的日子。

凡是火攻，必须根据上述五种火攻所引起的情况变化，适时运用兵力策应。从敌人内部纵火，就要及早派兵在外面策应。如火势已经燃起，而敌军仍能保持镇静，要观察等待，不要马上进攻。等火势燃烧到最炽烈的时候，可以进攻就进攻，不可以进攻，就应停止行动。此外，能在敌军外面纵火，就不必期待内应纵火，只要时机成熟就可以了。火势自上风引发后，切不可逆风进攻。白昼起风，时间较久，夜晚起风，到早晨就会停止。凡军旅皆应该知道这五种火攻的变化运用，才能注意气候变化，严防敌人火攻。所以，用火来帮助进攻，效果显著，用水来帮助进攻，声势虽强大，但是水能阻绝敌人，不能达到夺取或歼灭敌人的目的。

凡战必胜，攻必取，而不能巩固胜利成果，是很危险的，这就叫作"费留"。所以说明智的国君一定慎重虑及，杰出将帅也一定认真处置，不是对国家有利，就不行动；不能取得胜利，就不用兵；

不是非常危险，就不作战。国君切不可一时愤怒而动员作战，将帅也不可一时怨愤而与敌交战，要符合国家的利益才行动，不符合利益即停止。愤怒可以转为喜悦，怨愤可以转为高兴，但是国家亡了，就无法恢复旧观；人死了，更不能复活。所以，明智的君主一定要慎重用兵，杰出的将军一定要戒惕用兵，这是安定国家、保全军旅的根本所在。

四、概说

（一）五火之变

《火攻》是《孙子兵法》第十二篇，主要是说明以火佐攻之法，这是战场战斗中不可缺少的手段。古代作战的防御工事多以木竹藤革为主，最易纵火引燃，一旦烈火熊熊，不仅有强大的毁灭力量，而且声势惊人，引起混乱，可乘机取胜。孙子在本篇中，把火攻的对象区分为："火人""火积""火辎""火库""火队"五种。其中"火人"与"火队"以烧杀敌方人马为着眼点；"火积""火辎""火库"则以焚烧敌人之粮秣补给为着眼点。焚毁敌人粮秣是作战时经常采取的手段，自古以来几乎无战无之。至于烧杀敌方大队人马，则必须有一定的条件相配合，如火烧赤壁（吴、蜀对曹操），火烧连营（吴陆逊对蜀刘备），失败的一方都同样忽略了阵地的防火安全，同时季节风向也有助于引发火势，才能一举成功。

孙子说："发火有时，起火有日。""时"指季节而言，久旱不雨，百物干燥，自然易于引发大火；"日"指起风之日而言，古人以"月在箕壁翼轸"为多风之日。"箕""壁""翼""轸"是二十八宿中四个星宿，月环绕二十八宿而行，其位置在这四宿时多风。此为古代观察天文的经验，自不能以迷信视之。不过就今日之气象科学而言，能掌握起风之"时"（季节风），未必全能测定起风之"日"，因为气流之变化因季节、地形、云层、雨量之变化随时改变，"月在箕壁翼轸"不过是概括性的天文知识而已。张预注解这一段话时曾提道："取鸡羽重八两，挂于五丈竿上，以候风所从来。"倒不失为一种较科学的方式，至少对测定风向、风速，有相当的帮助。

孙子对于"火"的运用，有五项原则：第一，火发于内，则早应之于外；第二，火发而兵静者，待而勿攻；第三，极其火力，可从而从之，不可从而止；第四，火可发于外，无待于内，以时发之；第五，火发上风，无攻下风。可见用"火"作战的要领是引起敌人的混乱，"火发于内，早应于外"是牵制敌人救火，使其内外无法兼顾。但是，敌人不为所动，切不可轻易躁进，因为这显示敌人已有准备，所以"可从而从之，不可从而止"。火势能自敌人阵地外引发，不必派人潜入，以免打草惊蛇，而且能掌握主动，选择有利时机。火势点燃之后，切不能逆风进击，因为大火带来的浓烟顺风吹来，居下风则先受其害，不可不防。

孙子在本篇中除说明用"火"，也提到"水攻"。他说："故以火佐攻者明，以水佐攻者强，水可以绝，不可以夺。"水与火的性质不同，"水攻"的范围大，泛滥的面积广，而且受地形条件限制也较多。水流之方向须与我攻击之方向一致，一旦洪流滔滔，敌人固遭淹没，我军也不易渡越。"火攻"的范围则较小，只要条件合宜，引发快速，且不影响战斗行动，比起"水攻"方便多了。所以孙子说：

"水可以绝，不可以夺。"实对水火之性质有深刻了解。

有关火攻的各种器械，可参考上篇《古代火攻的器械》一文。

（二）火攻七戒

孙子的五火之变，是专就以火佐攻的方法而言的，至于用火有些什么戒忌，有哪些应注意的事项，孙子并未详细说明。《洴澼千金方》（惠麓酒民著，生卒年代不详）中载有火攻七戒，倒是可为将帅用火之戒惕。

火攻七戒为：

遇先帝王陵寝、圣贤祠宇、都邑间巷辐辏之处，用火攻之，不但失崇道之体，而人民之心顿没矣。——当戒一也。

贼掳吾民，必思奇策拔脱民命，玉石杂处，不可遽用火攻。不然，是谓之用我火而焚我民也。——当戒二也。

内有骁智之将，失身而从贼，归正无机，正当怜才，诱令降顺，不可摧残善类。——当戒三也。

萌甲方长，鳞虫始蛰赤地，焚烧伤生甚伙，丧德莫甚。——当戒四也。

风候未定，地势未审，反风纵火，祸莫大焉，必须先据地险，次候风色，察而行攻，毋得妄发。——当戒五也。

药品配合，务贵精粹，彼不得多，此不得少；应多则多，应少则少，以意增减，临时误事。——当戒六也。

火攻之用，全在相敌远近，早则焚之空虚，迟则御之无及。——当戒七也。

　　就这七戒来看，都是合于情理的处置，所谓水火无情，用火必应谨慎。三国时诸葛亮南征，火烧滕甲军，几灭其族，所以诸葛亮垂泪言道："吾虽有功于社稷，必损寿矣！"战争固为暴力之行为，但在某些范围之内，应尽可能求其适度。如第二次世界大战时，在欧洲战场上，对许多有历史价值的古迹、古物，避免用炮火炸射，这些古迹古物因此而得以保全。所以，为将帅者虽须用一切手段争取胜利，但此一切手段之中，仍有若干属于道德方面的戒忌。如全无顾忌，以杀伐为事，那就不是仁义之师了。因此，将帅不能不尊重战争道德，火攻七戒或正是战争道德之一。

第十三章　知敌之情——用间篇

一、原文

　　孙子曰：凡兴师十万，出征千里，百姓之费，公家之奉①，日费千金，内外骚动，怠②于道路，不得操事③者，七十万家。相守④数年，以争一日之胜，而爱爵禄百金⑤，不知敌之情者，不仁之至也，非人之将也⑥，非主之佐也⑦，非胜之主也⑧。明君贤将，所以动而胜人⑨，成功出于众者，先知也⑩；先知者，不可取于鬼神⑪，不可象于事⑫，不可验于度⑬；必取于人⑭，知敌之情者也。

　　故用间有五：有乡间⑮，有内间⑯，有反间⑰，有死间⑱，有生间⑲。五间俱起⑳，莫知其道，是谓神纪㉑，人君之宝也。乡间者，因其乡人而用之。内间者，因其官人而用之。反间者，因其敌间而用之。死间者，为诳事于外㉒，令吾间知之，而传于敌。生间者，反报㉓也。

　　故三军之事，亲莫亲于间，赏莫厚于间，事莫密于间，非圣智不能用间，非仁义不能使间㉔，非微妙不能得间之实㉕。微哉！微哉！无所不用间也！间事未发而先闻者，间与所告者皆死。

　　凡军之所欲击，城之所欲攻，人之所欲杀；必先知其守将、左右㉖、谒者㉗、门者㉘，舍人㉙之姓名，令吾间必索知之。必索敌间之来间我者，因而利之㉚，导而舍之㉛，故反间可得而使也。因是而知之，故乡间、内间可得而使也；因是而知之，故死间为诳事，可使告敌；因是而知之，故生间可使如期，五间之事，主必知之，知之必在于反间，故反间不可不厚也。

昔殷之兴也，伊挚㉜在夏；周之兴也，吕牙㉝在殷。故明君贤将，能以上智㉞为间者，必成大功，此兵之要，三军之所恃而动也。

二、注解

① 奉：同俸，指费用而言。

② 怠：疲惫，倦怠。

③ 操事：操作农事。

④ 相守：相持、对抗。

⑤ 爱爵禄百金：指吝啬爵位、金钱，不肯重赏间谍。

⑥ 非人之将也：梅尧臣注："非将人成功者也。"即不是军旅的好统帅。

⑦ 非主之佐也：不是国君的好助手。"主"指国名。

⑧ 非胜之主也：张预注："不可以将人，不可以佐主，不可以主胜。"即不能掌握胜利。

⑨ 动而胜人："动"，举动。一举兵即能战胜敌人。

⑩ 先知也：指事先了解敌人情况。

⑪ 取于鬼神：取决于祈祷、祭祀、占卜等迷信的办法。

⑫ 象于事：杜牧注："象者，类也；言不可以他事比类而求。"即以过去相似的事作类比。

⑬ 验于度："验"，应验；"度"，度数，指星宿的位置。即以日月星辰运行的位置作推测的依据。

⑭ 必取于人：李筌注："因间人也。"即必定要取决于间谍之情报。

⑮ 乡间：利用敌国乡里土著做间谍。

⑯ 内间：利用敌国官吏做间谍。

⑰ 反间：利用或收买敌人间谍，使之为我所用。

⑱ 死间：必死之间。故意以虚伪之情报告知我国间谍，使其进入敌国，被捕后，不堪拷问，以伪情泄于敌国，使敌信以为真，作错误之判断，这种间谍死亡之机会很大，所以叫"死间"。

⑲ 生间：派遣至敌方观察敌间，回来报告真相者。与"死间"之必死有别，所以叫"生间"。

⑳ 五间俱起：五种间谍同时运用。

㉑ 神纪："纪"有法、理、道的意义，此处宜做"法"解，即神妙莫测之法。

㉒ 诳事于外："诳事"，虚假之事。即故意向外散布虚假的情报。

㉓ 反报："反"同返，返回报告。

㉔ 非仁义不能使间：不是大仁大义之人，不能使间谍为之效命。另一说：非具有仁义之目标及感召，不能使间谍冒险效命，亦可通。

㉕ 非微妙不能得间之实：不是用心微细，手段巧妙之将帅，不能鉴别间谍情报之真伪。

㉖ 左右：主要辅佐，即今之幕僚人员。

㉗ 谒者：为招待谒见宾客者，即今之副官、秘书。

㉘ 门者：警卫、传达等，掌门禁、安全者。

㉙ 舍人：杜牧注："舍人，守舍之人也。"即服勤务之人，如园丁、厨役、侍者、马夫等。

㉚ 因而利之：依情况以利引诱之。

㉛ 导而舍之：开导释放，"舍"为舍弃的意思。

㉜ 伊挚：伊尹，原为夏桀之臣，后奔商汤，为殷商贤相，汤王尊为"阿衡"。

㉝ 吕牙：姜子牙，其先封吕，故称吕牙，原为商纣之臣，后佐武王灭纣兴周。

㉞ 上智：智慧很高之人。

三、白话

　　孙子说：凡动员十万大军，远征千里之遥，人民的损耗、国家的花费，每天需要千金巨款。而且举国骚动，人民奔走疲惫于道路上，忙着服役输送，不能从事本身职业的，大概总要七十万家。双方对抗几年，是为了争取胜利的一刻，如果吝啬爵禄和金钱，不肯重赏间谍，以致不能了解敌人情况而遭失败，那就太没有仁心了。这种人，不是军旅的好统帅，不是国君的好助手，更不能成为胜利的主宰。英明的君主、贤能的将帅，之所以决定出兵就能战胜敌人，成就超出于一般人之上，就是因为能先了解敌情。要事先了解敌情，不可取决于鬼神迷信，不可以用过去相似的事作类比，也不可以用日月星辰运行的位置作推测的依据，一定要取决于间谍的情报，才能真正了解敌情。

所以运用间谍有五种类型："乡间""内间""反间""死间""生间"。这五种间谍同时运用起来，使人无从知道究竟，只以为是神妙莫测之法术，实际上却是国君的法宝。所谓"乡间"，是利用敌国乡里的土著做间谍；所谓"内间"，是利用敌国官吏做间谍；所谓"反间"，是利用或收买敌人间谍而为我所用；所谓"死间"，是故意外泄虚伪之情报，使间谍带着假情报传入敌国；所谓"生间"，是指派间谍刺探敌情后，回国报告。

所以军中一切事务，没有比间谍再亲信了，也没有比间谍应得赏赐更厚了，更没有比间谍所从事的工作再机密了。不是才智过人的将帅，不能运用间谍；不是大仁大义的人，不能差遣间谍；不是用心微细、手段巧妙，不能鉴别间谍情报之真伪。微妙啊！微妙啊！真是无处不可用间。不过，用间的计谋尚未施行就泄露的话，间谍与泄密者，都会被处死。

凡是要攻击的军旅、要占领的城池、要刺杀的敌将，必先要知道其主将的亲信幕僚、秘书、警卫、服勤人员的姓名，务必使我们的间谍查清楚。同时一定要找出敌人派来刺探我方的间谍，依情况以利诱之，开导后释放，这样就可以造成"反间"。借"反间"之助，再培养"乡间""内间"，再借此可利用"死间"假造情报欺敌，再借此而利用"生间"，如期回来报告。这五种间谍之运用，国君皆应了解，运用关键就在"反间"，所以对"反间"不能不特别优待。

从前商朝的兴建，是因为伊尹在夏朝为臣；周朝的兴起，是因为姜子牙在商朝为臣。所以，明智的国君和将帅能运用智慧很高的人做间谍，必定能成就大功。这是用兵作战的首要，整个军旅都要依靠间谍提供情报，才能采取行动。

四、概说

（一）五间之法

《用间》篇是《孙子兵法》最末一篇。夏振翼注解本篇时说："《孙子》十三篇，首言计，终言间，间亦计之所出也。盖《始计》将校彼己之情，而《用间》又欲探彼之情也，计所以决胜负于始，间所以取胜于终。"这是很妥切的看法。《始计》是对战争的通盘考虑估量，所以放在第一篇；《用间》是知彼察敌的手段，也是制胜的关键，放在最后与《始计》首尾贯连，使整部兵法成为一个完整的体系。

战争是国家的大事，关系国家之存亡绝续，以举国之力兴师动众，争战于疆场之上，目的就是求得最后的胜利。因此敌人一举一动都应详为观察，预作防备，这就是孙子所说的"先知"。"先知"唯有依赖间谍侦察探索，才能得到确切可靠的情报，然后三军才能"所恃而动"。因此孙子说："先知者，不可取于鬼神，不可象于事，不可验于度；必取于人，知敌之情也。"此即充分运用间谍，达成知彼的要求。要是不能做到这一点，必然白白牺牲生命财产，耗费人力物力，像孙子所谓的"不仁之至也"。

孙子区分用间之法为五类："乡间""内间""反间""死间""生间"。"乡间"和"内间"是利用敌国人民或官吏做间谍，"生间"则是由己方选派人员潜入敌区，打探消息后回报，在运用上比较单纯，易于了解；至于"反间"和"死间"则需要适当的人选和高度的技巧运用。"乡间""内间""生间"是属于对敌情报的取得，目的在了解敌人各种情况；"反间"和"死间"则是混淆敌人视听，导致敌人的错误判断，所以是一种欺敌手段的运用，这是两者间性质差异之处。

关于"反间"，孙子说："反间者，因其敌间而用之。"又说："必索敌间之来间我者，因而利之，导而舍之，故反间可得而使也。"照这个范围来看，"反间"只限于对敌方间谍之利用。像三国时，曹操遣蒋干刺探周瑜，反为周瑜利用，误杀自己水师大将蔡瑁、张允，就是典型的反间计案例。关于"死间"，孙子说："为诳事于外，令吾间知之，而传于敌。"又说："故死间为诳事，可使告敌。"可见"死间"是用虚假之情报欺骗敌人。为了取信于敌，往往先作出一些姿态，制造诈降的理由。像三国时周瑜用"苦肉计"怒打黄盖，使之伪装投降曹操，即为一例。"死间"有知情伪降者，也有不知情而受利用者。不论其是否知情，一旦敌人发觉真相，往往有被杀之可能，因此凡不期生还者，均可视为"死间"。

孙子在"五间"之中，特别重视"反间"，认为："五间之事，主必知之，知之必在于反间。"就现代眼光来看，"反间"运用之道，也可视为反情报的工作范围，像"必索敌间之来间我者"，实在就是保防反制的技巧。此外，孙子还强调"反间"要与其他"四间"配合使用，"五间俱起，莫知其道，是谓神纪，人君之宝也。"不过，孙子也说："非圣智不能用间，非仁义不能使间。"间谍深入危境，随时有遭杀害之可能，苟无崇高之目标与理想，断不会置生死于度外。人主必行仁义而后才能用间，这是孙子语重心长的话，含有深刻的寓意。

（二）问必上智

《孙子兵法·用间》篇最后一段话说："昔殷之兴也，伊挚在夏；周之兴也，吕牙在殷。故明君贤将，能以上智为者，必成大功，此兵之要，三军之所恃而动也。"伊挚即是伊尹，为殷商开国贤相；吕牙即吕尚，习称姜太公，为周朝开国元勋，这两个人都是古圣先贤，后世儒家对他们极为推崇，孙子竟然将他俩举为上智之间的例证，的确是令人惊讶的事。而且《孙子兵法》十三篇中，向不举古人为例，在最后一篇的最后一段却举出伊尹、姜太公二人，可见他们在孙子心目中的地位是很特殊的。所以，他们究竟是不是间谍，倒是个值得研究的问题。

　　历来注解兵法的各家，都不认为伊、吕二人是间谍，其中以何延锡说得较周延："伊、吕，圣人之耦，岂为人间哉？今孙子引之者，言五间之用，须上智之人，如伊、吕之才智者，可以用间，盖重之之辞耳。"这种说法颇能掌握孙子的原意。本来孙子只说"伊挚在夏""吕牙在殷"，并未明指其为间谍，自不必以间谍视之，孙子原意只是强调间谍应以上智之人担任而已。

　　间谍所担任的是情报的搜集、分析、研判工作，因此必须具备高度之智慧和广泛的知识。近代对"情报"二字的定义也有："情报即知识""情报即智慧"的说法，可见情报工作非上智之人无法胜任。伊尹、姜太公二人皆杰出之上智，伊尹曾五侍夏桀，太公曾屠牛于朝歌，卖饮于孟津，两人对夏商之政情地理均极了解，此即广泛之知识，因此能辅佐汤武，吊民伐罪。此外，就史实记载来看，伊、吕均为深通谋略之士，伊尹之"既丑有夏，复归于亳"（《史记·殷本纪》），可见他五次在夏桀处为官时，做了不少的宣传工作。至于姜太公，《史记·齐世家》上说："文王与吕尚阴谋修德以倾商政，其事多兵权与奇计。"可见他更是后世阴权兵谋之祖，孙子以"上智"比喻，实非过誉。